NIKKEI BUNKO
日経文庫

戦略思考トレーニング

鈴木貴博

日本経済新聞出版社

はじめに

経営戦略論はいまやビジネスマンにとっての常識です。でもいい戦略で成長する会社が全体のごく一部なのはなぜでしょう?

それは戦略を立案し決定する力に個人差が大きいからです。

そして、その個人差は、結果的に企業戦略の差、ひいては企業業績の差として現れます。

このように言うと、よくある経営者からの反応は、

「うちのスタッフには、いい戦略を立案する能力が足りない」

というものです。逆にスタッフに聞くと、

「うちの経営陣は、いい戦略を決断する能力が足りない」

などと嘆いたりします。これはどちらも問題です。

いい戦略を立てるためにも、いい戦略を決めるためにも、実はいい戦略思考力が必要です。

戦略論の教科書がたくさん書店に並ぶようになってきた結果、戦略の立て方は日本のビジネスマンの間にもかなり浸透してきました。けれども、肝心の戦略を立てたり決めたりする際の思考力の鍛え方がまだわかっていない人が多いのです。

サッカーの戦略理論はわかっても、フィールドの中で頭を働かせ周囲を見回しながらプレーするのは違うことですよね。それと同じで戦略的に行動するには頭の使い方を訓練する必要があるのです。

さて、サッカーの場合の戦略思考力とは視野の広さやチームメンバーの身体能力の把握、仲間の動きを見ての瞬間的な判断力などが重要ですが、ビジネスの戦略思考力の場合は何が重要なのでしょうか？　いくつかポイントがあるのですが、それを説明する前にまずトレーニング問題を一問解いてみましょう。

問題 01

少子高齢化の日本では、いまや子育てする世帯よりもペットを育てている世帯の方が増加しています。実際2010年の国勢調査では12歳以下の子ども人口は1450万人でしたが、ペットの数は年々増加していて同じ年に飼われている犬猫の数は2150万匹だったといいます。この世相を反映してスーパーでもベビー用品の棚が縮小する一方で、ペット用品売り場の面積は年々広がっています。ところがペットフード会社の社長に聞くと「ドッグフードはここ数年、売上が下がって困っている」と言うのです。いったいなぜそんなことが起きているのでしょうか?

(次のページをめくる前に、なぜこのように矛盾した現象が起きているのか、原因を考えてみてください)

■小型犬ブームが起きた

21世紀に入った当初、レトリバーとかシベリアンハスキーといった大型犬ブームがありました。そのブームが一巡して、今ではチワワやミニチュアダックスフントのように家の中で飼える小型犬が売れています。いくらペットの頭数が増えても、あれだけ体格が違うと食べる量が10分の1以下と全然違うのです。そのような構造変化が起きたからドッグフード業界では販売数量を増やすのではなく、高級化でなんとか乗り切ろうとしているのです。

さて、この問題を解けた人も解けなかった人もいると思いますが、この問題から戦略思考力とは何なのかを紐解いてみましょう。

「この問題の答を知っていた」という人以外でこの問題の解答にたどり着けた人は、以下のいくつかの力を併せ持っていたはずです。

ひとつは常識を超える力。正解にたどり着けなかった多くの方が「顧客数が激増しているのに売上高が減少するなどありえない」という固定観念にとらわれてしまったのではないでしょうか。解答を見ればそんなことはないことが後からわかるのですが、それではだめですね。問題文を読んだ段階で自分の頭の中の常識を疑ってみないと、正解にはたどり着けません。

2つ目に論理思考力。これは左脳が強い人の能力です。具体的には「売上高が減っている」と聞いたときに即座に、

売上高＝顧客数×単価×購入量×購入頻度

といった計算式を頭に浮かべる力です。そして問題文の「顧客数が増えているのに売上高が減っている」という前提を聞いて、「それなら単価が下がっているのか、ないしは購入量

が減っているはずだ」と解決の糸口を見つける能力です。

3つ目に柔軟な発想力が必要です。論理思考で購入量が減っているのではという糸口を見つけても、まだ正解にはたどり着けません。購入量が減った原因が小型犬ブームだという発想力が伴わないと、構造はわかっても理由がわからないのです。

4つ目に事例をたくさん知っているということも重要かもしれません。常識に反するこんな事例があったということを知っているだけで、別の常識に反する現象につきあたったときにも、似たようなメカニズムが働いているのかもしれないという思考を働かせることができるようになります。

このように常識を超える力、論理思考力、柔軟な発想力、たくさんの事例についての知識といったものを併せ持つことが高い戦略思考力につながります。そして経営戦略についてのフレームワークを理解しただけでは、これらの力の訓練にはなりません。経営戦略を知っているだけでは、戦略思考のビジネスセンスは高まらないのです。

この本は常識的で優秀なビジネスマンの皆さんが毎日の隙間時間に、普段とは違う発想をしながら戦略思考を鍛える訓練を行えるように作られています。問題数は全部で51問。常識を超えた戦略的発想の実例を集めてクイズ形式のトレーニングにしてみました。

ひとつひとつの問題はわかりやすいものばかりなので、さっと読んで戦略思考力を確認することができます。それではもったいないという方は、週5日、毎日1問ずつ思考力を鍛えていけば2カ月以上、じっくりと戦略思考の訓練を続けることができます。

さらに問題を解き終わったら、ひとつひとつの問題が後々、新しいビジネスアイデアにつながる知識にもなるような題材を集めています。ですから事例として記憶することでも戦略を作る際に役に立つはずです。


さあ、通勤電車の中で、ランチタイムの間に、デートの待ち時間に、この本を開いて、戦略思考のトレーニングに挑戦してみましょう。

目次

はじめに　3

1 戦略思考のための柔軟体操の章　13
セブン-イレブン上陸を迎え撃つ四国のコンビニは何をする?
硬直した思考力を柔軟なものに変えるための6問

2 非常識になる訓練をしよう!の章　33
原価割れで商品を提供する『俺のフレンチ』の狙いは何?
常識の壁を突き破るための6問

3 売上増の方程式の章　53
AKB48がミリオンセラーを連発できる理由は何?
左脳で戦略を組み立てる基本を学ぶための6問

4 アメリカ企業の儲け方の章　73
マクドナルドの本業は何業だろう?
戦略思考先進国の意外な事例から学ぶための6問

5
儲け方はさまざまだの章……91
低性能プリンタと高性能プリンタはどうやって作る?
ビジネスモデルについての理解を深めるための6問

6
ビジネス常識を働かせてみるの章……111
なぜライバルの新商品への対抗商品を出さないの?
常識の大切さを再発見するための5問

7
だいたいの大きさを推定するの章……129
北海道を訪れる観光客は何人だろう?
フェルミ推定に慣れるための入門問題4問

8
難易度を上げてみようの章……145
なぜ電球の寿命は短くなったのか?
難問に挑戦して戦略思考力を研ぎ澄ますための6問

9
最後にやられた!の章……165
なぜホテルマンは走ってはいけないのか?
クールダウンでも最後まで気を抜けない5問

おわりに 179

装丁　松田　行正／本文イラスト　ユタカナ（astarisk-agency）

1

戦略思考のための柔軟体操の章

戦略立案のプロと一般のビジネスマンの差が一番でるのは、選択肢を思い浮かべる幅の広さの違いです。この差を実感するための簡単なテストがあります。

「30秒間でできるだけ多く、レンガの使い道を挙げてください」

さあ、ここでいったん本を閉じて実際に30秒間で思いつく用途を紙にメモして数えてみてください。あなたはいくつ思いついたでしょうか？

これは戦略立案力を高める講座に出席するとよくお目にかかるテストです。レンガの使い道や棒の使い道、両手にかかえきれないぐらいの段ボール箱の使い道などさまざまなバリエーションがあります。

それで皆さんはどのようなレンガの使い道をいくつ思いつかれたでしょう？

積み上げて塀を作る。庭の敷石にする。ベッドの高さを上げる。バーベキューの網をのせる台にする。

こんな感じでリストを書いているうちにあっという間に30秒がたちます。6〜7通りの使い道のリストができた人は平均的水準といえるでしょう。

戦略立案のプロはこの2〜3倍のスピードでリストを作ることができるのです。

今でも覚えていますが、私が20代の頃に最初にこのテストを受けたときに思いついたレンガの用途は全部で25通り。ちなみに外資系だったのでテストは英語で受けたのですが、同期のコンサルタントの中でも多い方の部類でした。

私も負けん気が強いので、その後何度かこの手のテストを受ける機会があるたびにスピードを上げ、30代半ばの頃には30秒で40通りぐらいは思い浮かべることができるようになりました。

具体的なレンガを使った用途としてどんなアイデアが浮かぶでしょうか。焼却炉を作る、犬小屋を作る、砂場の囲いを作る、洗い場を作る、といった庭に使う用途や、本棚の転倒防止、ベッドの高さ調整、テレビの高さ調整、ドアストッパーのような屋内用途。30秒の時間なのでその際、ベッドの高さ調整とテレビの高さ調整がどう違うのかとか細かいことはおいておいて、とにかく思いついたことを書いていきます。

ここで気づくのが、選択肢を思い浮かべる能力には単純な数以外に幅をどれだけ思い浮かべることができるかがもうひとつ重要だということです。
「庭に使う」「屋内に使う」というカテゴリーを一旦決めるとその中でいくつもの選択肢が思い浮かぶのですが、それらカテゴリーの中ではだんだんアイデアが枯渇します。

そこに幅として別の新しいカテゴリーを思いつくと選択肢はさらに増えるのです。レンガの耐熱という側面で考えれば焼却炉と同じカテゴリーで「鍋敷きにつかう」とか「焼き芋を冷やす道具」といったアイデアにつながりますし、レンガの固くて重いという側面で考えると「武器として使う」とか「漬物石に使う」といったアイデアにつながります。

戦略立案のプロは一般のビジネスマンと比べて短時間に選択肢のアイデアを思い浮かべるスピードが速く、かつ選択肢の幅のバラエティ（違うカテゴリーの選択肢といってもいい）を思い浮かべる能力も高いのです。そしてそれは過去たくさんの戦略立案をこなしてきた経験から身についた専門能力なのです。

もちろん一般のビジネスマンでもこの発想力を強化することは可能です。

この章では選択肢を思いつく訓練になる問題を集めてみました。まずは頭の柔軟体操のつもりで、1問1問、時間をかけてどれくらいの可能性を思い浮かべることができるか、堅くなった頭を解きほぐしてみましょう。

問題 02

今では売れ筋の乗用車といえばミニバンやレクリエーショナルビークル（RV）が当たり前の時代ですが、トヨタのカリブが新発売された1980年代前半頃はまだ消費者は保守的でこのような新しいカテゴリーの車を買うのを躊躇していました。ある大手自動車メーカーは保守的なユーザーが気にしている懸念点をある方法で解消することでRVの市場を広げることに成功したのですが、その方法とは何でしょうか？

ヒント　脳ミソを柔らかくしながら顧客になったつもりで「この新商品を買いたくない理由」がどれだけ思いつくか試してみましょう。仮に正解が当たらなくても、いろいろなパターンの可能性リストが作ることができればまずは柔軟体操としてはOKです。

■中古市場で徹底的に価格を維持した

斬新なコンセプトの自動車を消費者が買うのをためらうのは、下取りに出したときにいい値段がつかないからというのが重要な理由です。真っ赤なレクサスを新車で買ったあるお金持ちの人が、直後に気が変わって別の車に買い替えたら「赤い車は高く売れないんです」と言われて下取り価格は新車の半額だったとか。このメーカーでは戦略車種を4車種ほど指定していて、それらの車についてはディーラーでの下取りも他の車よりも高い価格に維持し、中古車市場で安く売られている車があれば徹底的に買い上げる価格維持作戦を徹底していたそうです。

▼さて、こんな感じで正解にたどり着けた人もたどり着けなかった人も、まずは思考力を柔軟にする目的で、いろいろな可能性を思い浮かべてみましょう。

問題 03

上越新幹線で親しまれてきた2階建て列車はもうすぐ世代交代でなくなってしまうそうです。さて2階建て列車はたくさんの乗客が運べて鉄道会社にとって都合のいい列車ですが乗客には不公平な点があります。2階席だと防音壁の上に窓が出るから眺めがいいですが、1階席だと東京から新潟まで見えるのはコンクリートの壁ばかり。この不公平感をなくすためにJRは1階席と2階席である違いを作りましたがそれは何でしょう?

ヒント　2階はグリーン車にすればいいんじゃないか? というようなひとつの思いつきだけじゃなくて、できるだけ多くの可能性を考えてみましょう。

■2階の自由席はリクライニングできないようにした

不公平をなくす方法はたくさん考えられます。1階席の方を広くするとか、価格を変えるとか。しかし座席を広くすると収容人数が減るし、1階と2階で価格を変えるのはそんなに簡単ではない。というか問題がさらに難しくなります。1階を値引くのがいいのか、2階を高くするのがいいのかとか、いくらの差にすれば最適なのかとか、考えなければいけないことがさらに複雑になるのです。一番シンプルな解決方法としてJRが選んだのが2階席はリクライニングできなくすることでした。東京から新潟までの2時間、窓の景色を楽しみたい旅行客は2階席で、それよりも車内でぐっすりと眠って休息をとりたい出張客は1階席で、と自然に棲み分けられるようになったのです。

▼たくさんの選択肢の中で「一番導入が簡単なもの」を実行してみましょう。

問題 04

セブン-イレブンはドミナント戦略といってある地域に徹底的に出店してそこで市場を制覇したら、その後に次の地域に移るという出店戦略を用いています。そのセブン-イレブンがいよいよ四国に上陸することになりました。困ったのは業界下位のコンビニに属するメガフランチャイジーの社長。四国で100店舗を超えるコンビニを経営しているのですが、セブン-イレブンが上陸したらひとたまりもない。そこで社長が考えた秘策とは何だったでしょう？

ヒント　孫子の兵法にもこの戦い方は記されていますね。

■セブン−イレブンに鞍替えする

四国にセブン−イレブンが進出すると発表した時点で、四国にはローソンの422店を筆頭に1200店のコンビニがひしめいていました。そこに新たにセブン−イレブンが数百店舗増えたら小さなコンビニチェーンはひとたまりもありません。しかし自分がセブン−イレブンになってしまえば競争相手も増えないし生き残れる確率はずっと高まると考えたのです。実際は「そうなっては困る」と現在契約しているコンビニ本部に契約違反で訴えられて裁判になりました。訴訟と聞くとやってはいけないことに思えるかもしれないけれど、会社が潰れるという最悪の懸念と比較すれば裁判で負けて賠償金を払わなければならないというリスクの方が小さいわけです。相手に訴えられることを敢えて選ぶというのも戦略判断のひとつなのですね。

▼最高の戦略とは戦わないことです。

問題 05

アメリカ人はどんな料理にもケチャップをかけて食べるものです。そのケチャップのトップブランドのハインツの話。1970年代、ハインツはライバルのケチャップ会社に猛烈に追い上げられていました。理由はハインツのケチャップが伝統的なガラス瓶の容器に入っているため振ってもなかなか出てこないから使いにくいと消費者が離れ始めていたのです。困ったハインツがある広告をうったところ、再びライバルを引き離すようになります。その広告は何と宣伝したのでしょう?

ヒント　欠点を直そうと思ってもままならないことってありますよね。欠点ばかり指摘していないで、その欠点を「良さ」に言い換えることを考えてみましょう。

■ハインツのケチャップは中身が濃いのでなかなか瓶から出てきません

逆転の発想とはこういうことを言うのでしょうね。それまで瓶を振ってもなかなか出てこないケチャップに嫌気をさしていた消費者が、この広告を見た後は瓶を振りながら「ほら、なかなか出てこないこの濃さがおいしいんだよ」などと言い出したそうです。瓶からすぐ出てくるケチャップは確かに中身が薄そうですね。

▼この問題でコツがわかったら、つぎはまわりにあるいろいろなものの欠点を長所として褒める練習をしてみましょう。そうすればどんどん頭が柔軟になっていきますよ。

コラム●欠点か？　それとも利点なのか？

性能が優れているとか劣っているというのは私たちが思っているほど簡単な尺度ではありません。そして世の中で最高級品と呼ばれているものの方が、安価な普及品よりも意外と性能が劣っている場合も少なくないものです。

具体例を挙げてみましょう。

スイスの最高級の腕時計と、１００円ショップで売っている液晶のデジタル腕時計。時間に正確で文字盤も読みやすくしかも軽いのはというと、１００円のデジタル時計の方です。ところがスイスの最高級の腕時計は、クラフツマンシップの粋を集めた工芸品。何世紀にもわたって職人たちが技術を伝承してきたものばかり。機械式で単純な時を刻むだけではなく、極小の歯車を組み合わせた機構でカレンダーを表示したり、月の満ち欠けを表示したりといった遊び心が機械としての複雑さを増していきます。

駆動部品も太陽電池やクォーツといった味気ない物よりも、年代物の自動巻きやゼンマイ仕掛けの方がずっと味があります。本当に良い年代物の腕時計では、香箱というメインスプリングを収めた円型のケース状の部品と竜頭とを巻き芯で結んでいて、竜頭を慎重に回しながら1日1回ゼンマイを巻き上げて動かします。

そう考えると安価で正確な時を刻むことが高性能なのか？　それとも維持に手間がかかってしかたがないけれども男のロマンを駆り立てる方が高級品なのか？　すべては価値観の問題であることがわかってきます。

世の中の高級品というものは、このような時代物の腕時計と同じ「異なる価値観」に訴求する商品ばかりです。

東京から札幌までジェット旅客機で90分で行ける時代に、わざわざ最高級の寝台車で上野から一日かけて列車の旅をするのも高級な贅沢です。

トヨタのハイブリッド車ならレギュラーのガソリンをほんのたまに給油するだけで維持費はかかりませんが、それでもメルセデス・ベンツのEクラスにハイオクガソリンを給油して運転したいと思う消費者は少なくありません。

ですから高級品を売りたい人は、商品の欠点をそのまま欠点だと思わずに「それを利点だと感じる人は誰だろう？」と考えてみるクセをつけてみてはどうでしょう。

この章で取り上げたハインツのケチャップの逆転の発想は、70年代のハインツだけの話ではなく、現代でも通用する一般的な戦略思考法なのです。

問題 06

テレビ東京が平日夜11時から放送しているニュース番組『ワールドビジネスサテライト』は、視聴率は同じ時間帯の他局の番組と比べてそれほど高いわけではありません。それにもかかわらず、この番組に話題を取り上げてもらいたい企業が山ほど存在していて、スポンサーになりたいと思っている企業も多いといいます。視聴率がそれほど高いわけではないのになぜこの番組は企業に人気が高いのでしょう?

ヒント　冒頭のドッグフードと同じく、固定観念を取り払う訓練の問題です。視聴率がそれほど高いわけではない番組がなぜ人気なのか、考えられる可能性は?そうなる場合を思いつく限り列挙してみましょう。

■大企業の部長の視聴率が高いから

視聴率というのは日本中で何％の人が見ているのかを示す数字です。しかし本当は見ている人数だけでなく、誰が見ているかという数字の方が重要な場合もあるわけです。『ワールドビジネスサテライト』の場合、調査の結果、大企業の部長クラスの幹部がものすごくよく見ていることがわかっているので、企業向けのビジネスをしている会社が新製品を発表したり、ビジネスのトレンドに関わる話題を盛り上げようと考えるときには絶対に外せない番組なのです。ちなみに大企業の部長がこの番組をよく見ている大きな理由は……やはりキャスターの小谷真生子さんではないでしょうか。

▼大企業で総合職として働く読者の方は「この番組、みんな見ているのに？　なぜ視聴率が高くないの？」と問題文自体に疑問をもたれたことでしょう。大企業の正社員というのは実は世の中から見れば小さなセグメントなのだということも頭の隅においておくといいですよ。

問題 07

インターネットが普及し始めたときに「インターネットで消えていくビジネス」のリストが出回ったことがあります。１９９７年頃の予測では21世紀初頭に消えていく業種として旅行代理店、書店、銀行や証券会社（リテール）などが挙げられていました。それらの会社は消えてしまったわけではありませんが、インターネットの普及で店舗数が大幅に減ったり、ネット競合が増えたり、仕事が大きく変わってしまったりしたのは事実です。さてそれではスマートフォンの普及が今後本格化していくとして「今、スマホの脅威に直面しているビジネス」はなんでしょう？　いくつ思いつくでしょうか？

ヒント　頭の柔軟体操の最後の問題です。未来の予測ですから確実な正解はないのですが、正解になりそうな候補をできるだけたくさん思いつく訓練をしてみましょう。

■携帯音楽プレイヤー、ゲーム機、カーナビ、情報誌など

未来の予測力を鍛える問題です。他にもたくさんアイデアを思いついた人もいらっしゃるでしょう。ちょっと大きめの7インチタブレット端末もスマホに含めれば、本も電子書籍に本格的に入れ代わってしまうかもしれないですね。携帯音楽プレイヤー業界では長らくiPodとウォークマンが激しく戦っていてソニーミュージックのアーティストの曲をアップルのポータルで購入することができませんでした。それが2012年11月についにアップルでもダウンロードできるようになったのは、携帯音楽プレイヤーの主流がiPodやウォークマンからスマホへと移ったことを象徴する出来事です。リストにあがっているビジネスが中核のソニー、任天堂やカーナビ各社はこれからの十年厳しい時代を迎えそうですね。

▼では逆にスマホで伸びるビジネスは？　というのも考えてみましょう。

まとめ◆頭を柔軟にするためには？

脳には直感力を司る右脳と、論理力を司る左脳があります。そして一般にわれわれ人間は、右脳の強い人と左脳の強い人に分かれているようです。

実は優れた戦略思考力を磨くためには、右脳と左脳がどちらもバランスよく機能するように鍛えることが大切です。私も実際、多くのビジネスマンを対象に戦略思考力のトレーニングを行うことがありますが、左右どちらかの脳しか働かせられない人は、それほど良い戦略を構築することが難しい傾向にあります。

野球では右投げ左打ちが理想とされていますが、戦略思考力にも同じことが言えると思います。問題意識を右脳で投げかけ、問題解決には左脳も駆使して打ち込むイメージです。

まずはこの章の問題を解きながら、自分が得意な脳がどちらかを確認してみましょう。問02ではＲＶを購入する際に顧客がどんな不満を感じるか？　の可能性を列挙する作業をしていただいたと思います。その際に、どんどんいろいろな可能性がランダムに頭に浮かんだ方は右脳型です。

一方で順番に「購入時に知識がないためにおきる不満」「レジャー使用時に感じる不満」

「街中を走行する際に感じる不満」「買い替え時に感じる不満」というようにカテゴリー分けをしながら不満を列挙させることができた方は左脳型です。

最初は右脳型でも左脳型でも構いません。自分が得意な発想法で訓練を始めます。一方でトレーニングとしては意識して自分の苦手な脳を使って発想するクセをつけることが重要です。

たとえば問03で、2階席と1階席の差を埋め合わせる方法を考える場合、右脳の方はいろいろと可能性を書き出した段階で、いったんそれらの可能性がどんなカテゴリーに分類できるのか整理してみましょう。

逆に左脳で「料金を変える」「サービスを変える」「居心地を変える」といった形で可能性を分類することから始めた方は、各々の分類でどんな（右脳的な）画期的なアイデアが考えられるのかを意識的に考えてみましょう。

問03での正解への到達プロセスをイメージすれば、

〝左脳で考えた「居心地を変える」選択肢から、1階は椅子を豪華にする、2階は椅子を堅くするといったアイデアが生まれ、その延長から右脳で発想する「2階は椅子をリクライニングできないようにする」というアイデアが生まれた〟

というような、右投げ左打ち発想の典型例だとも言えるわけです。

2

非常識になる訓練をしよう！の章

世界的な戦略コンサルティング会社・ボストンコンサルティンググループの創業者のブルース・ヘンダーソンは「常識的な行動をとったりとらなかったりする企業は、常に合理的な行動しかとらない企業に対して優位に立つことができる」と語っていたものです。

最近のビジネスの世界で襲い掛かってくる強い競争相手は、往々にして常識を捨て去るところから攻めてきます。誰もがビジネスのルールとはこういうものだと長年の商慣習にどっぷりとつかっているときに、非常識なビジネスアイデアを伴って参入してくるのがイノベーターというものです。

アップルがiPhoneを始める前は、携帯電話はボタンを押して使うものだと誰もが思っていました。アプリをダウンロードして画面をタップして使うスマホの常識もiPhone登場以前は非常識なことでした。

電車に乗るのには切符がいるという常識にとらわれているとＳｕｉｃａの出現にびっくりすることになります。それも切符だと考えていたら大間違いで、鉄道会社の発行するＳｕｉｃａが電子マネーとして金融決済手段の主流になるなんて金融機関の人は考えていなかったはずです。

繰り返し言いましょう。ビジネスの世界では戦略的な競争相手は常識を超えたところから攻めてきます。

しかし一方でビジネスの世界では常識は大切です。誰だって非常識なビジネスマンと仕事をするのは嫌なことです。だからほとんどのビジネスマンは常識の世界で頭を使うことに慣れているのです。

ここに、普通のビジネスマンが戦略的思考の訓練をするのが苦手な最大の理由があります。普段は常識的に仕事を進めながら、戦略を考えるときだけ非常識に脳を使わなければならない。そんなことを言うと普通は「無理っ」と考えるのが常識です。

結局のところ、普段の仕事の時間には常識的な思考力を使って、戦略を考えるときだけ非常識な思考ができるとベストなのですが、なかなか人間の脳はそうい

うふうには作動しないものです。だから日常の中で少しずつ常識を超えて戦略思考力を鍛える訓練をする必要があるのです。

そこでこの章では非常識な発想を伸ばすための問題を集めました。非常識な発想で成功した戦略家の話や、普段あまり考えたことのない世界の話。そういったものを題材にすることで、普段は常識的な読者の方も、このトレーニングをしている間だけは非常識に物事を考える訓練ができるはずですよ。

ではまずこの問題からはじめましょう。

問題 08

２０１２年のヒット商品番付にも登場した『俺のフレンチ』という飲食チェーンがあります。超有名フランス料理店のシェフを口説いて料理長にすえて、驚くほどおいしい料理を驚くほど安く提供することで東京の都心では大人気なのです。ビジネスモデルの秘密は高級フレンチなのに立ち席にすること。１日３・５回転と顧客の回転率を上げて収益を確保しています。さて、この『俺のフレンチ』のビジネスモデルにはもうひとつの秘密があります。メニューの中に原価率が１００％や２００％の料理が普通に存在しているのですが、なぜそんなことができるのでしょうか？

ヒント 原価率２００％ということは食材の原価だけで２５００円のコストがかかるメニューを１２５０円で提供しているということ。なぜそんなことができるのでしょうか？

■広告宣伝費の代わり

大都市の繁華街で中規模以上の飲食店はおしなべて、ぐるなびやホットペッパーといった飲食店サイトに月50万～100万円程度の広告費を支払ってお得なクーポンや限定メニューなどを掲載することで集客努力をしています。『俺のフレンチ』では「同じ100万円の広告費を支払うならお客さんの胃袋に直接支払おう」というのが社長の考えだそうです。そこで原価ぎりぎりや原価割れメニューをたくさん提供しているのです。1000円の原価割れメニューを1000食提供してもかかるコストは同じ100万円。そしてその方が口コミでお店に行列ができる効果はただ広告を出すよりも大きいというのです。

▼どうせ必要経費ならどこに遣うかをじっくり考えましょう。

問題 09

今では自動車の標準装備になっているエアバッグ。登場した当初は製造にとてもコストがかかる装備で高級車にしか搭載されていませんでした。エアバッグに必要な技術は①ふだんは絶対に作動しないこと、②あるきっかけで急速に膨張することのふたつです。自動車とは全然関係のないあるものを作っていたメーカーがこの条件を見て「わが社ならエアバッグをずっと安く作れる」ことを発見して自動車会社に売り込んだためエアバッグは大衆車にも普及するようになったのですが、このことに気づいたのは何を作っているメーカーだったのでしょうか？

ヒント　思いっきり常識を超えた異業種を想像してみましょう。

す、すいません。普段はこんなことにはならないのですが…

■手榴弾

手榴弾は普段は絶対に作動してはいけないけれど、ピンを抜いて投げると一定時間後に爆発します。それを一定時間後ではなくピンが外れるとすぐに小さな爆発が起きるように改良するとエアバッグの技術になるそうです。このことに気づいたブリードというメーカーが「こんにちは、手榴弾を作っているメーカーですが、御社にお役に立てる技術を持ってまいりました」と業界最大手のゼネラル・モーターズなどビッグ3に営業に行ったのですが、その場で追い返されたということでした。結局、トヨタなど海外の自動車会社がブリードの提案を採用し、おかげで安価なエアバッグはアメリカのライバルの日本車で先に普及してしまいました。この話は戦略コンサルタントの間では有名な『パラダイムの魔力』（ジョエル・バーカー著）という古典的経営書で紹介されている、実際にあったエピソードだそうです。

▼このエピソードで私が一番偉いと思うのはトヨタの人ですね。

問題 10

世界中の生物学者が集まって2億年後までにどんな生物が誕生するかを議論してできあがった『フューチャー・イズ・ワイルド』という科学ドキュメンタリー番組があります。その予測のひとつに、生存競争に有利なため魚がある進化を遂げるという予測があります。日本で発売された書籍の表紙にもなったその進化した魚は、生存競争を生きぬくためにどのような特徴を獲得したのでしょうか？

ヒント　可能性を思いつくかぎり思い浮かべる訓練ですが、この章では特に非常識な可能性を思い浮かべる訓練をしてみましょう。

■空を飛べる

生物学者によれば空を飛べる能力というのは生存競争上最強ということです。実際にその優位な方向に向かって、これまで脊椎動物の３つの種が空を飛べるように進化しています。鳥、こうもり、そして絶滅した翼竜。脊椎動物以外では昆虫も空に生存領域を広げていますね。現在海を泳ぐ魚の中にもトビウオやエイのように空にジャンプして捕食動物から逃げる種が登場していますが、２億年後にはフィッシュから進化したフリッシュという本当に空を飛ぶ魚が登場するのではないかと、このドキュメンタリーを作った生物学者たちは予測しているのです。

▼「魚＝泳ぐ」が常識ですから、「魚＝歩く」とか「魚＝飛ぶ」という常識外の選択肢を書いてみれば、左脳型のビジネスマンでも正解にたどり着くことができますよ。

コラム●リクルートの創刊男の仕事術

リクルートの情報誌『じゃらん』『ゼクシィ』『フロム・エー』など全部で14の情報誌を創刊した伝説の創刊男として有名なのが、くらたまなぶさんです。

くらたさんとは一度だけご一緒させていただき、創刊のコツを伝授していただいたことがありますが、とにかくユニークで常識にとらわれない発想をされる方で、非常に勉強になったという記憶が残っています。

そのくらたさんの名著『リクルート「創刊男」の大ヒット発想術』（日経ビジネス人文庫）では、くらたさんが新しいビジネスを組み立てるために、いかに常識と非常識をうまく舵をとるのかについての技が公開されています。

くらたさんの言葉で言うとそのコツとは「右手にロマン、左手にそろばん、心にジョーダン」だということ。

ニュービジネスの事業開発をするにあたって、最初の段階では徹底的に自由に発想をすることを奨励するそうです。こんな発想があったらおもしろいんじゃないかとか、あんなやり方は誰もやったことないからいけるんじゃないかとか。

そしてある段階で、今度は常識を働かせてアイデアを一気に絞り込んでいくそうです。その段階では昨日まで「そのアイデア、面白いねえ」などと語っていた同じくらたさんが急に「もっと現実的にできることを考えろよ」などと言い出すので、周囲の部下たちは最初は面食らったそうです。このようにしてくらたさんは右脳で考えたロマンを、次のステップでは左脳でそろばん勘定をしながら現実的な計画に落とし込んでいくのです。

そして伝説の創刊男の仕事術の最後の仕上げが「心にジョーダン」。言われてみるとくらたさんは食事の間中ずっと、ユニークな冗談を披露しながら初対面の私の心を和ませていただいたのでした。

問題 11

外食の世界は激戦区。その外食産業の世界で「金の蔵Jr.」「東方見聞録」「月の雫」などの居酒屋を運営する三光マーケティングフーズは2011年に牛丼ビジネスに参入することにしました。とはいえ居酒屋の世界と同様に、牛丼業界も大手3社が値下げ競争を繰り広げる激戦区です。そこに参入するために三光マーケティングフーズはどのような戦略を採ったのでしょうか？

ヒント　東京に住んでいる読者にはサービス問題かな？

■焼き牛丼で参戦した

牛丼の吉野家、すき家、松屋が提供しているのは牛肉と玉ねぎを出し汁で煮込んだ牛丼です。同じ牛丼で戦っても分が悪いということで三光マーケティングフーズは焼肉を丼にのせた焼き牛丼を提供する『東京チカラめし』という業態ブランドで牛丼業界に参入しました。メニューとしては常識外ですが、業界トップと違う切り口の商品サービスで戦うことを戦略理論では〝差異化〟といって、チャレンジャーが採る戦略の常識です。これまでにない牛丼ということで『東京チカラめし』はわずか1年3カ月で100店舗の展開に成功しました。

▼ちなみに『東京チカラめし』に対して牛丼大手3社はそれぞれ焼き牛丼をメニューに加えて対抗しています。このようにチャレンジャーと同じような商品を出して対抗する戦略を〝同質化〟といって、これもチャレンジャーを迎え撃つ業界大手が採用する戦略の常識なのです。

問題 12

地球温暖化をおさえるために世界的に再生可能エネルギーへの投資が活発になっています。とはいえ砂漠のような不毛の大地がある国と比べると日本は太陽光パネルの設置可能面積は広くないですし、風力発電に向いた一年中強い風が吹く地域も限られています。さてその日本は実はある再生可能エネルギー分野においては世界でもトップクラスの自然資源を有しているのですが、それは何発電でしょうか？

ヒント　そもそも再生可能エネルギーといっても太陽光発電と風力発電しか知らない人は、一度、インターネットで再生可能エネルギーについてどんな種類があるのか調べてみましょう。

■地熱発電

再生可能エネルギーというと太陽光発電や風力発電をイメージする人が多いですが、世界で実際に使われている順で言いますと、バイオマス燃料、水力、地熱の順で、これらの発電量は太陽光や風力よりもずっと多いのです。そして火山帯に位置する日本列島は潜在的な地熱資源量ではインドネシア、アメリカと並んで世界のトップランクにあるのです。アメリカでは石油を掘削する人たちの仕事がなくなってきたので、代わりに地熱発電用の温泉井を掘る仕事が活発で、アメリカの地熱発電量は世界でトップにあります。日本では地熱資源の多くが国立公園にあることや、温泉として開発されていることが多いため、環境庁や自治体がなかなか地熱発電所を作らせてはくれないのです。

▼正解にたどり着くには発想力だけでなく、一定の知識も必要という問題でした。

問題 13

アメリカの広告会社の話です。1981年、ある大手広告会社がアメリカン航空のコマーシャルの提案コンペに参加した際には、会議室をジャンボジェットの機内に改造して男性社員はパイロット、女性社員はキャビンアテンダントのコスチュームでプレゼンしたところ経営陣に大うけにウケて提案が採用になったそうです。問題はその逆の話。1967年に別の大手広告会社がケンタッキー・フライド・チキンの広告提案プレゼンに臨んだときには、経営陣がかんかんに怒って提案チームは部屋から追い出されてしまいました。彼らはどんなコスチュームでプレゼンをしたのでしょう？

ヒント　おごそかで厳しい顔つきの経営陣に対して一番非常識な態度は何なのか、思い浮かべてみよう。

■にわとりの着ぐるみを着て役員室に登場した

うーん、本当にあった話だそうです。このエピソードに限らず、広告業界は本当に常識にとらわれない創造力豊かな業界ですね。でもプレゼンに落ちたということは何かが不十分だったのかもしれないということも、頭の片隅に置いてください。

▼成功するビジネスマンには非常識な発想に加えて、常識的な行動が大切です。

まとめ◆非常識な発想ができるようになるためには？

日頃は常識的に行動し、そして戦略を考える際には大胆に非常識な発想をする。文章にすれば簡単なことですが、そんなに簡単にできることではありません。
お勧めできる対処法として一番いいのは、日常からたくさんの「非常識で成功したビジネス戦略」の事例に触れておくこと。そうすることで自分が発想する際にも「この程度の非常識なら成功するのではないか」といった発想ができるようになります。

ちなみに、こういった非常識な発想のイノベーションは成功よりも失敗する確率の方がずっと高いということは理解しておいたほうがいいでしょう。実際、ベンチャーキャピタルなどベンチャー企業の育成に関わっている人の話を聞くと、一見可能性がありそうなベンチャーのアイデアの中で、最終的に成功裡にエグジット（つまり株式を公開したり、大企業に成功した事業を売却できたりすること）できるのは1000のベンチャー企業のうち2〜3社にすぎないそうです。

その意味ではパソコンの開発で一度大成功し、次にiPodで再度復活したアップルのスティーブ・ジョブズは、非常識な発想で大成功した起業家の中では稀有な存在といえるかもしれません。

とはいえ常識的な発想だけをしていては、戦略思考力はいつまでたっても高まりません。

そこで私はこのような考え方を勧めています。通常のビジネスにおいては常識的に行動する。そのうえで、日常的に週に1時間とか、毎日10分間とか、常識を超える発想をする訓練をするという方法です。

その10分間、ないしは1時間の間だけは、発想について批判的な検証はいっさいしないこと。そうして常識的なビジネスマンでありながら、必要に応じて自由な発想ができるように頭を切り替えるようになれば、戦略思考力が一段と高まることにつながります。

3

売上増の方程式の章

ビジネス戦略の基本は売上高を増やすことから始まりますが、戦略コンサルティングファームで最初に教わることは、この売上高の増やし方には実にさまざまな方法があるということでした。

売上高を左脳を使って、論理的な方程式に因数分解してみるとよくわかります。

売上高＝単価×販売数量

が一番基本の式。普通のビジネスマンは直感的に販売数量を増やすことで売上を増やそうとしますが、この式のように論理的に考えれば、価格を上げても同じように売上を増やすことができることになります。

有名な話ですがデ・ビアス社が1960年代の日本で「婚約指輪は給料の3カ月分が目安」と宣伝したことがあります。実はこの宣伝は世界各国で微妙に内容が違っていて、アメリカでは給料の2カ月分、デ・ビアスの本拠地であるヨーロッパでは同じ時期に給料の1カ月分と宣伝していたそうです。

その後日本が高度成長したにもかかわらず「給料の3カ月分」というキャッチフレーズはそのままだったため、結果として日本はアメリカに次ぐ世界第2位のダイヤモンド市場となってしまったそうです。

また、食品や日用品のように繰り返し購入される商品であれば、

販売数量＝使用頻度×使用量

のように因数分解して考えることで売上を増やすヒントが見つかります。シャンプーは高度成長期には「週に2回はシャンプーしよう」と宣伝されていましたが、そのうち毎日シャンプーするのが当然になり、そこで消費が頭打ちになると「朝シャン」というコンセプトが開発されました。夜シャンプーして、さらに朝もシャンプーすれば消費は倍になる計算です。

同じ販売数量は、

販売数量＝販売地域×地域あたりの顧客数

のように因数分解することもできます。第1章でセブン－イレブンが四国に上陸する話をし

ましたが、小売店や飲食店であればそれまで出店していなかった地域に進出することは売上を増やす基本的な手段です。

売上増の古典的なエピソードに19世紀のアフリカに靴を売りに行くセールスマンの話があります。

「ここでは誰も靴を履いていない。無限のマーケットがある」

という話ですが、これは売上増の方程式に沿って考えれば正しい考察です。どのようなビジネスでも新しい地域に進出したうえで、そこで潜在的に無数の顧客を獲得できる可能性があるのであれば、まだ進出していないエリアには無限の可能性があるということになりますから。

この章ではこのような売上増の方程式に関わる問題を集めてみました。ここでは左脳が強い人の方が有利かもしれません。直感でどうやって売上を増やすのか発想するのではなく、まず論理的に売上高を増やす方法を分析してみて、そこでどうすることが売上増につながるのかを考えてみましょう。

問題　14

まずは都市伝説の中から問題を紹介します。昭和40年代に噂になった話です。ある調味料の会社が売上を増やすためのアイデアを社内公募したところ、とても頭のいい提案が一等賞になりました。実行したら本当に売上が増えたというのですが、その提案とはどんなアイデアだったのでしょうか？

ヒント　売上増の方程式を使って考えましょう。
売上高＝単価×販売数量
販売数量＝使用頻度×使用量
のように因数分解して考えたうえで、どこで売上を増やすのかのアイデアを比較してみましょう。

■調味料の容器の蓋の穴を大きくした

売上を増やす方法はたくさんあります。基本は単価を上げるか、それともたくさん買ってもらうようにするか。そしてたくさん買ってもらうために利用頻度を増やすか、それとも一回の利用量を増やすかです。その中でどこが一番簡単なのかを考えたら、使用量を増やすのが一番簡単だったというのがこの話です。容器の穴が大きければ、料理する度の使用量は増えますよね。この話は実は有名な都市伝説で、真相はというと、この調味料会社がそれまでの卓上瓶に加えて調理用の調理瓶を発売した際に、湯気による目詰まりを防ぐために瓶の口の面積を大きくして穴の数を増やしたことが、面白おかしく伝わるようになったということです。

▼まずはウォーミングアップの問題でした。このように売上高を方程式に因数分解することで、売上増の方法にはいろいろな方法があることを理解していきましょう。

問題 15

アメリカのスーパーマーケットに行くと飲料でも食品でも洗剤でもなんでもビッグサイズで売られているので本当に驚きますね。食品の場合はサイズがビックなことがアメリカ人の肥満が増える社会問題の一因ともいわれています。けれども食べる量を増やして売上を増やしたいメーカーの事情があってなかなか規制には至っていないといわれています。さて食品ではない家庭用品、たとえば歯磨きの場合も日本よりもずっと大きなサイズの商品が売られています。歯磨きの場合はメーカーはどうやって使う量を増やしているのでしょうか？

ヒント　売上高＝単価×販売数量のうち販売数量をさらに因数分解して考えましょう。

■チューブの口が太くなっている

実際に買ってきた商品を比べてみると違いは一目瞭然です。日本で売られているライオンのクリニカの130グラム入りのチューブの口の大きさは直径6ミリですが、アメリカでよく売られているP&Gのクレストの場合は200グラム入りのチューブの口の大きさは7ミリ強と一回り大きい。使用量はチューブの口の表面積（半径×半径×3・14）に比例するからアメリカ製の歯磨きは日本製よりも約1・4倍も使用量が多いということになるわけです。

▼こんな話をすると日本の歯磨きメーカーが一斉にチューブの口を太くするかもしれませんが、それは経営戦略的には正しいことですね。

問題 16

ＡＫＢ48が女性歌手として初めてミリオン突破の（つまり１００万枚以上売れた）シングルが10作品の大台にのったそうです。それまで浜崎あゆみも安室奈美恵も松田聖子も中森明菜も達成できなかった大記録です。それにしてもＣＤが売れない冬の時代になぜＡＫＢ48はこのような偉業を達成できたのでしょうか？

ヒント　とにかくこの章では売上高を因数分解して考えてみましょう。

■ひとりのファンが何枚もＣＤを買うから

大人気だからとか、メンバーの数が多いからファンの数が多いとかという理由も考えられますが、最大の理由はＡＫＢ48のシングルはひとりのファンが複数枚買うところにポイントがあるのです。ＡＫＢのシングルＣＤには握手会への参加券や、選抜総選挙への投票権が付与されています。そのため「推しメン」と呼ばれる、ファンが自分の一推しのメンバーを応援するために何枚も同じＣＤを購入します。十枚とか百枚とかシングルを購入するファンがＡＫＢのミリオンセラーを支えているのです。

▼仮面ライダースナックの原理がいろいろなビジネスで応用されています。

問題 17

牛丼業界では大手3社が値下げ競争を繰り広げてきました。2009年頃までは3社とも380円前後だった牛丼を、すき家と松屋が280円前後まで値下げして、キャンペーン期間には一杯240円などという価格で提供するようになりました。吉野家も対抗で牛鍋丼を280円で提供しています。なぜ3社ともこのような値下げによる消耗戦をお互いに仕掛けているのでしょうか?

ヒント　敵は誰なのかを考えてみると答がわかります。

■お互いからではなく他の競争相手からたくさん顧客を奪っている

値下げをしてお互いの顧客を取り合うのだったら消耗戦ですが、牛丼業界は値下げのおかげで増収増益になりました。値下げ後の2年間に各社が発表した数字を分析すると、牛丼業界全体で単価は13％下がったけれども顧客数は17％増えて、結果として売上高は2％増加しているのです。増えた顧客数を数えてみると年間で約1・3億食分というすごい数字になります。この増加分は牛丼以外の食事、つまりファミレスやコンビニから奪ってきた顧客なのです。

▼近ごろは牛丼3社の販売増に蔭りが見えてきて「顧客が値下げに飽きてきた」などと言われていますが、本当はファミレスやコンビニが低価格メニューを充実して対抗したから、逆に牛丼が顧客を奪われているというのが不振の理由です。

問題　18

アメリカのカジノでは不正を防止するためにたくさんの監視カメラで遊技場を監視しています。ハラーズというカジノ運営会社ではこの画像データを測定することで顧客満足度を上げるための材料にしています。あるものの数を数えてその数が多いほど顧客満足度が高いことがわかったそうですが、ハラーズの責任者が数えているものとは何でしょう？

ヒント　ここからは少し右脳を使ってみましょう。カジノの売上高＝顧客の滞在時間×顧客の賭けるお金という方程式になりますが、どちらの要素も顧客満足度が高いほうが多くなるわけです。ではその肝心の顧客満足度はどうやってあげるのでしょう？

■従業員の笑顔

カジノでの顧客満足度を調べた結果、〝賭けに勝つこと〟よりも〝従業員の笑顔〟の方が重要であることがわかったそうです。だからハラーズでは監視カメラの映像から従業員の笑顔の数を数えるようになったのです。そのことを徹底した結果、ハラーズが運営するカジノを訪れる顧客は十分に一度、従業員からにっこりとほほ笑みかけられているそうです。

▼莫大な画像データを経営戦略に利用することを〝ビッグデータ〟といって、経営戦略の先端領域のひとつです。

問題 19

カップヌードルが初めてアメリカ市場に進出したときの話です。当時のアメリカではインスタントラーメンなんて誰も食べたことがないし、カップ麺の市場なんて存在していません。そこでカップヌードルの営業マンは「この商品は○○です」と言うことにしました。するとたくさんのスーパーマーケットに置いてもらえて、初めての消費者にも商品を買ってもらえるようになったのです。この秘密のセールストークは何だったのでしょう?

ヒント　販売エリアを増やすことは売上増の方程式に書かれている通りですが、ではそれまで誰も食べたことがない商品をどうやって売ればいいのでしょうか。

■この商品はスープです

当時のアメリカ市場にはカップ麺の売り場はなかったけれど、スープの売り場にはたくさんのインスタントスープが売られていました。「この商品は具が多いスープです」ということにして売り込んだら、スーパーのスープ売り場の棚に並べてもらうことができたそうです。そのためにアメリカのカップヌードルは日本よりも少し麺が短かかったのです。この商品は何か？　を決めるということは、専門用語ではマーケティング上のポジショニングを決めることで、その商品の売れ行きや収益性を決める重要なことなのです。

▼19世紀のアフリカに靴を売りに行くのと前提は同じ話。「これはまったく新しい商品です」と言っても消費者を掘り起こすのは大変ですよね。そうではなくて「これはあなたがいつも使っていたのと同じ商品です」と言って最初から消費者を獲得することに成功したわけです。

コラム●商品のポジショニングの神髄とは？

私も履いているＭＢＴという健康シューズがあります。アフリカのマサイ族の歩き方を研究して作られた、マサイ族のような健康的な立ち姿と、躍動的な下半身を作ることができる靴として人気が高い商品です。しかしこの靴は一足3万円前後と靴としてはとても高い。そこでこの商品を売るために、ＭＢＴを売る会社はこの商品を、

「これは世界最小のフィットネスジムです」

として売ることにしたそうです。

消費者の心の中には〝価格のアンカー〟と呼ばれるものがあって、たとえばペットボトル飲料なら１５０円、居酒屋なら２０００〜３０００円、靴なら数千円といった具合に心理的な相場が決められています。

ところが研究開発費用がたくさんかかっているとか、特殊な素材を用いているといった事情でそのような心理的相場を大きく超える価格で売らなければならないことが新製品の場合にはよくあります。

そのような場合には、商品のポジショニングを変えるというのがひとつの定石です。

ＭＢＴの場合、３万円の靴として売れば安い靴の10倍の値段になりますから、普通の消費者はちょっとひいてしまいます。しかしフィットネス器具だとして売れば、数万円のフィットネス器具は普通の価格帯です。

そのうえにＭＢＴは世界最小で外出中は常にトレーニングできるという付加価値がついているから、結果として３万円でも買っていく人がたくさんいるのです。

まとめ◆左脳を働かせてみよう

ほとんどのビジネスマンが直感的に「売上を増やすこと＝販売数量を増やすこと」という発想の行動をとるものです。そして販売数量を増やすための一番簡単な手段が値引きをすること。こうして世の中には価格が安い商品があふれてしまっています。

その結果、今、世の中の企業を悩ませているのは、価格を安くしても売れないというデフレ時代の悩み。

直感的に行動してうまくいかないのであれば、一歩ひいて、左脳で論理的に状況を分析してみましょう。

売上増を因数分解するという考え方は、戦略を考えるにあたっては基本的な手法で、これを行うことでどこで売上を増やすことができるのか（ないしはなぜ売上高が増えないのか）を論理的に把握することができます。

この因数分解は実務的にはさらにブレークダウンしていくことができます。顧客数が増えていないことが原因だとわかれば、

顧客数＝市場全体の人口×商品に関心を持つ人の比率×購入確率

のように分解して考えて、関心を持つ人の比率が少なければ「試供品を配る」といった施策を導入したり、購入確率が低ければ「お試しパック」のような導入しやすい商品を販売するといった施策をたてることになります。

そのように考えても、そもそも市場全体の人口が少なくて目標となる顧客数が獲得できないということになれば、単価を上げるか、それとも使用量を増やすのかといったことを考えなければなりません。

いずれにしてもこういった思考をただ思いつきで行うよりも、左脳で論理的に分解して考えて、可能性をひとつひとつ潰していったほうが、正解にたどり着くものなのです。

4

アメリカ企業の儲け方の章

常識を超えた発想を探求するのに一番都合がいいものはなんでしょう？　それは海外の事例を探すことです。なぜなら常識は国によって違うから。宗教が違って、価値観が違って、環境が違うので、ビジネスも必然的に違ったやり方が発展しています。

この章ではアメリカ企業の事例から問題を集めてみました。

なんでこんなやり方をするのだろう？　と頭をひねってみると、そこには法律やルールが違う場合や、商慣習が違う場合もありますが、それだけでなく発想が違うなどというケースも少なくありません。

そして発想が違う場合には、意外と日本でも同じことをやっても大丈夫かもしれませんよ。さあ、問題にチャレンジしてみてください。

問題 20

フランチャイズ方式を展開する飲食チェーン本部ではフランチャイズ料収入だけではなく食品や消耗品をお店に販売することで儲けているのが普通です。ところが1960年代にアメリカで急拡大したマクドナルドはそれよりももっと収益性の高い〝加盟店からお金を徴収する方法〟を編み出しました。その方法とはいったい何でしょう？

ヒント　売上だけでなく金利にも注目してみよう。余計わからなくなったかな？

■マクドナルドの店舗の地主になった

1960年代にマクドナルドの経営陣だったハリー・J・ソンボーンと言う人はアメリカ中にあるほぼすべてのマクドナルドの店舗の地主になるという戦略を思いつきました。お店のオーナーは賃貸契約書に従って売上に応じた賃料をマクドナルドに支払ったのですが、平均してみると地域の賃料相場よりもずっと高い賃料を支払うことになりました。賃料が収入源ならマクドナルド本社の収益は安定しますし、当時のマクドナルドの場合、資金調達もリスクのある事業資金より土地を買うお金の方が有利な条件で銀行から調達できました。

▼この時代、ソンボーンは「われわれは不動産業をしているのです」と投資家に説明していたというのは有名な逸話です。

問題 21

アメリカの主要都市にはROSSとかマーシャルズ、TJMaxxといったブランド商品のアウトレット専門店があります。カルバン・クラインのシャツやコールハーンの靴、コロンビアのフリースといった百貨店で売られているような有名ブランド商品が激安で購入できます。もちろん百貨店で売れ残った商品なのですが、それが半額や7割引などという価格で売られているので消費者は本当に嬉しそうに買い物をしています。さて、なぜ日本にはこのようなアウトレット専門店が少ないのでしょうか？

ヒント　日本とアメリカの商慣習が違うとしたら、それは何でしょう。

■百貨店が卸に返品できるから

日本とアメリカでは百貨店のビジネスモデルが違っていて、日本の百貨店はブランドメーカーや卸に売り場を場所貸ししているのに近い。もちろん販売努力はするのですが売れ残った分は卸やメーカーに返品します。ところがアメリカの場合は買取が基本なので売れ残ったブランド品を百貨店側がなんとかしなければなりません。それを大量に買い取ってくれるのがＲＯＳＳやＴＪ Ｍａｘｘのようなアウトレット専門店というわけなのです。逆に日本ではこういったアウトレットは常設の店舗形態ではなく卸会社の「社員・関係者謝恩セール」として開催されることが多いのです。有名なサンヨーファミリーセールでは、バーバリーをはじめとする有名ブランドのアパレル商品がアウトレット価格で手にはいるといいますね。

▼日本にないものには理由があることが多いものです。

コラム●アメリカのブランドアウトレットはなぜ安い？

アメリカには問題で紹介したＲＯＳＳのようなアウトレットショップとは別に、大都市近郊に大規模なアウトレットモールが建設されていて、そこではＣＯＡＣＨとかＴＵＭＩといったブランド品が激安価格で売られています。

日本でも大手不動産会社がこういったアウトレットモールを各地に作り始めていますが、アメリカと比較すると、まだまだ日本のアウトレットは値引きが中途半端だなというのが私の印象です。

それほどアメリカのブランドアウトレットでは思い切った値引きで商品を処分しているのです。

なぜ日本とアメリカでアウトレットモールでの価格がこれほど違うのか？　一番の理由は立地の違いにあるようです。

アメリカのアウトレットモールは主要大都市の郊外にあって、出かけてみると面白いようにどのアウトレットも「都市の中心から車を飛ばして60分」の位置にあります。ニューヨーク郊外のウッドベリーも、ボストン郊外のレンサムも、サンノゼ郊外のギルロイも、シアトル北部のアウトレットも、皆、測ったように車で60分。

そういえばハワイのオアフ島にあるワイケレのアウトレットもワイキキビーチから60分と同じ距離。

なぜそうなのでしょう？

日本人は誰でもブランド品が大好きですが、アメリカ人は収入階層別に消費傾向が異なります。ＧＵＣＣＩとかアルマーニに身を包むのは１時間あたり１００ドル稼ぐ高収入の人たちで、この人たちはとにかく日常が忙しい。

彼らにとって往復２時間かけてアウトレットで節約するための機会コストは２００ドル。円ドルレートにもよりますが２万円近い数字です。

ですから合理的に行動するアメリカの高所得層はブランド品を都市中心部のお店で普通に購入することになります。

自動車に往復２時間乗って喜んでアウトレットに向かうのは１時間あたりの稼ぎが10ドル台の普通の人たち。だから有名ファッションブランドでは、郊外のアウトレットで売れ残った商品を放出しても、メインの顧客層とかち合わないのだそうです。

問題 22

アメリカで法律を学ぶときに必ずといっていいほど題材になる話です。1960年代後半、ある大手自動車メーカーが発売した乗用車に構造的欠陥があることがわかりました。リコールをして修理すると1億4000万ドルという莫大な費用がかかります。一方で経営陣は想定される事故は180件程度と見積もって、事故への賠償額は4900万ドルで済むと計算しました。結局、このメーカーはリコールしないことに決めたのですが、その結果この会社はどうなったのでしょう?

ヒント　当然、計算通りにはいかなかったということですが……。

■1件の裁判で懲罰的賠償金1億2500万ドル（当時の為替レートで385億円）を支払うよう判決を受けた

この話はジーン・ハックマン主演の映画にもなったので知っている人も多いかもしれません。この車は構造上の欠陥で、後ろからある角度で追突されるとボルトがガソリンタンクを貫いて炎上事故が起きることが判明しました。それがわかった後も、経営陣は損得勘定からリコールに踏み切らなかったという話です。裁判ではこの事実が退職した技術者から暴露されて、この会社は敗訴しました。ただ1件の裁判でこの賠償額は大きすぎるということで後に裁判所は賠償額を減額したのです。懲罰的賠償金制度というのは日本にはない制度で、企業が損得勘定で社会悪な行動をとった場合に実際に起きた損害よりも高い賠償金を命じることで、この経営陣がとったような企業行動を抑止する効果があります。

▼訴訟大国のアメリカについては十分な知識をもっての進出をおすすめします。

問題 23

全米最大のディスカウントストア、ウォルマートが一号店を開業したときのエピソードです。創業者のサム・ウォルトンは自分の店舗につける名前の案をいくつか用意していました。そのリストを友人に見せたところその友人はどれもだめだといって「ウォルマートにしたほうがいい」とアドバイスしたそうです。なぜその友人はウォルマートがいいと薦めたのでしょうか？

ヒント　サム・ウォルトンはそれまでベン・フランクリン・ストアズやウォルトンズ・ファイブ・アンド・ダイムといった名前の店舗を経営していました。ウォルマートという名前はそれらと比べてどう優れているのでしょう？

■看板に取り付ける文字が少なくて済む

サム・ウォルトンは低コスト運営のウォルマートを多店舗展開させるつもりでした。その前提でウォルトンズ・ファイブ・アンド・ダイムの初代店長を務めていた友人は「文字数が少ない方が看板の取り付け代やネオンの取り替え代にコストがかからない」といってウォルトンの名前が入った一番文字数の少ないお店のネーミング案を逆提案したそうです。実際、ウォルマートはその後店舗数が飛躍的に拡大したので、出店コストを下げるのにこの名前はかなり貢献したのではないでしょうか。

▼日本のお店の看板はスペースの大きさでコストが変わりますが、アメリカのお店は文字数でコストが決まるのです。

問題 24

ある外国航空会社では日本国内でJALやANAに乗った航空券をコピーしてFAXで送ると往復で1000マイルをプレゼントしてくれます。別にその会社の飛行機に乗ったわけではないのに最大で2万マイルまでただでくれるのです。なんでそんな大盤振る舞いをしてくれるのでしょう?

ヒント　何かと比較して安いから大盤振る舞いをしてくれるわけですが……。

■マーケティング調査代よりも安いから

航空会社にとって路線計画は経営戦略上の要です。そのため自社のマイレージプログラムの優良会員が普段他社を含めてどのように飛行機を利用しているのかを調査しているのです。ところがこういった調査を調査員を使って信頼できる精度できちんとやろうとすると、場合によっては数千万円の調査費用がかかってしまうのです。それよりも1000マイルをプレゼントして自己申告させるほうがずっと安いという計算なのです。

▼営業のコツは商品やサービスが高いか安いかではなくて、クライアントが何と比較しているかを知ることの方が重要ですよね。

問題 25

かのスティーブ・ジョブスはペプシコーラの社長をアップルにスカウトする際に「あなたはこのまま一生、砂糖水を売りつづけるのか？　それとも世界を変えるチャンスをつかみたいのか？」といって口説いたといいます。この有名な話を聞いたライバル企業の幹部が「われわれはペプシと違って砂糖水にあるものを入れて売っている。だからみんなうちのコーラを買っていくんだ」と胸を張ったそうです。この会社ではコーラに何を入れて売っていたのでしょう？

ヒント　ペプシのライバルといえばあの会社。何が入っているのでしょう？

■夢

コーラには砂糖水に夢が入っている。だから世界中の若者が普通のソーダ水よりもコーラを好んで口にするのです。世界中、どんな貧しい国に行ってもコーラの看板を目にしますよね。そういった国々の若者にとって、そのコーラはアメリカンドリームそのものに見えるのです。企業の公式コメントではないらしいので、どこの会社なのかは内緒にしておきますが。

▼夢に支払う金額は意外と大きいものです。

まとめ◆アメリカ企業から学べるものは何か？

昔、日本企業が絶好調だった時代には、

「もうアメリカから学ぶものは何もない」

なんて日本企業の幹部は豪語していたものでした。逆にその後アメリカがグローバル経済をけん引し始めると、

「わが社もグローバル企業にならなくては」

などと言い出す会社が増えてきます。

実際はグローバル経済というものが存在するのではなくて、さまざまな異なる経済圏がグローバルなルールの下でおりあいをつけて経済活動を行っているというのが実情です。そのことをハーバード経営大学院でグローバルビジネスを教えるパンカジ・ゲマワット教授は、

「世界はセミグローバルの状態にある」

と表現しました。

グローバル時代といっても世界中で行われているビジネスは国ごとに事情が異なり、国ごとにルールも常識も違う部分が多いものです。

そして異なるルールや常識で動いているビジネス事例から学べるものは、新しい発想そのものです。

その意味で私はビジネスマンに海外で情報収集をすることを奨励しています。もちろんビジネス人脈を通じていろいろと情報を集められるのがいいですが、ただ消費者として海外で過ごすだけでも、いろいろと日本とは異なるビジネスモデルに気づかされるものです。

大切なことはそれをただ目にするだけではなくて、記憶したり、日本でのビジネスに応用できないかと考えてみたりすることなのです。

5

儲け方はさまざまだの章

ビジネスモデルというのは、簡単に言えば、儲かる会社の着眼点、そしてその儲けの仕組みのことです。ビジネスモデルという言葉は今でこそよく耳にする言葉ですが、以前はそれほどポピュラーな経営用語ではありませんでした。

それを一気にポピュラーにしたのが経営コンサルタントのエイドリアン・J・スライウォツキー。彼の著書で、日本ではダイヤモンド社から1999年に発売された『プロフィット・ゾーン経営戦略』という本でビジネスモデルという概念は有名になりました。

スライウォツキーは「企業の儲けにつながるビジネスモデルは少なくとも23種類ある」と言って、さまざまな高収益企業のビジネスモデルを分析して提示しました。

ちょうどこのタイミングでインターネット革命が起きたため、ビジネスモデルという考え方はネット企業が好んで採用するようになりました。ヤフーのように先に無料コンテンツで顧客ベースを獲得して後から広告で課金するとか、グリーのように無料の釣りゲームを提供して、そのゲームでいい成果を出せる高性能の釣り棹を有料で課金するといった方法は、皆このビジネスモデルというアイデアを発展させたものです。

もちろんスライウォッキーが提唱したビジネスモデルはネット企業に閉じたものではなく、広くリアル社会で競争するさまざまな企業に適用できる概念です。

この章ではビジネスモデルに関連した戦略思考のトレーニング用の問題を集めてみました。

ここで考えて欲しいことは、

「なぜ、このビジネスモデルは儲かるのか？」

ということです。経済学的には儲かるビジネスには後から競争相手がたくさん参入してくることになり、そのビジネスの収益性は徐々に平均化されていくとされています。

しかしこの章で取り上げる事例は、そういった平均的な収益よりもなぜかもっと儲かっている事例ばかり。その背景にどのような目の付け所と、儲けの仕組みがあるのかを考えて欲しいのです。

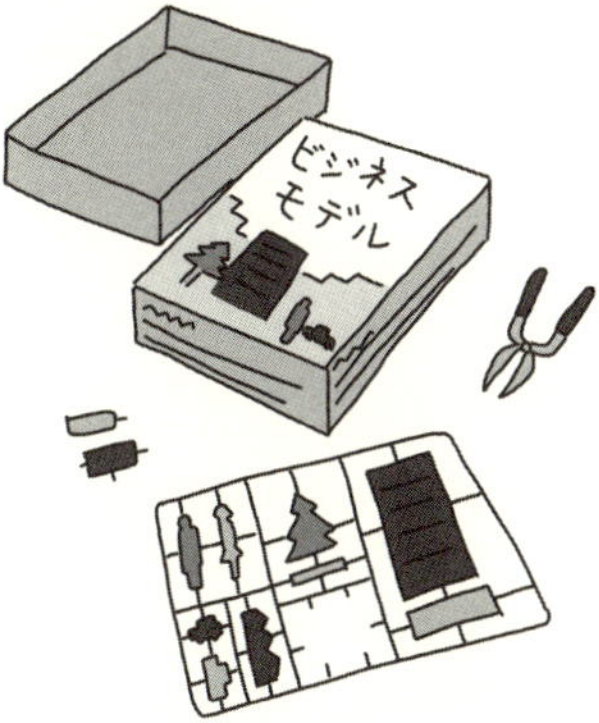

他の問題同様、「ああ、この話は知ってるよ」とか「知らなかった！」というレベルで読み進めるのではなく、「知らないけれど、どのような可能性があるのか考えてみよう」という態度で問題に取り組んで欲しいものです。

知らなかったけれど考えてみればこういう儲け方があるかもしれないという思考ができる習慣がつけば、あなたも新しいビジネスモデルを考える入口にたてることになるでしょう。

できるだけ頭を柔軟にして、先人たちが工夫したビジネスモデルのメカニズムに対して洞察力を働かせる訓練をしてみましょう。

問題 26

図のグラフは電化製品などの製造業の川上から川下に向かう工程別の収益性を表すグラフで縦軸は収益率。その形からスマイルカーブと呼ばれています。もともとは台湾のコンピューターメーカー・エイサーの創業者がパソコンのビジネスを説明するために唱え始めたコンセプトでしたが、他の多くの製造業にも当てはまることが知られています。それにしてもなぜこのカーブの右側で、販売よりもアフターサービスの収益性の方が高くなるのでしょうか？

ヒント　買い手と売り手の立場の強さに注目してみましょう。

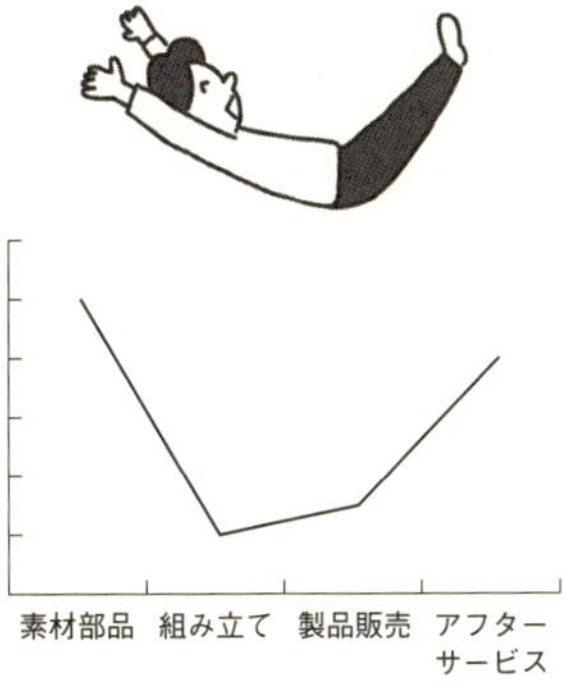

■販売時には買い手の方が交渉力が強いが、アフターサービスでは売り手の方に交渉力が移るから

現代のように製品が溢れている世の中では販売時は買い手（つまり消費者）はどのメーカーの商品でも選ぶことができるので、一般的な電化製品などはどうしても買い叩かれてしまいます。ところがいったん購入した製品の修理代となると買い手は買った商品のメーカーにしか頼むことができませんから、売り手は修理代や交換部品の価格を儲かる水準に設定することができるようになるわけです。このように買い手と売り手のどちらに交渉力があるのかを考えることは戦略立案上非常に重要な要素なのです。

▼戦略立案の大御所であるマイケル・ポーター教授はこの考え方をフレームワーク化して、ファイブフォース分析として体系化しました。この考え方は普遍性があって、実用性も大きいですよ。

問題 27

Aくんは今の携帯電話を使い始めてもうすぐ2年目。そのAくんのところに携帯電話会社から「よろしければ無料で電池を交換しますよ」と連絡がありました。電池交換は本来は有料オプションなのに、なぜAくんのところにこのようないい話が飛び込んできたのでしょう？

ヒント　いい話には裏があるのではなくて、いい話にはそれ以上に持ちかけた側にもいいことがあるという話です。

マジで？イイの？
え、無料？
っていうか、なんかウラとかないよね？オレが実は損するとかっていう…あ、大丈夫なんだ。
うんうん

■充電池が弱るのが機種買い替えの最大の理由だから

今の携帯電話の契約の主流は携帯電話本体の値段を24カ月分に分割して、携帯を利用し続けてくれる限りはその本体分を携帯電話会社が肩代わりしてくれる方式です。本人にとっては24カ月目も25カ月目も携帯電話の利用料は変わりませんが、携帯会社にとっては本体分の肩代わりが終わる25カ月目から先が本格的に儲かる時期になります。携帯電話会社はそれ以上の期間、できるだけ長く本体を使ってもらいたいと考えています。

ところがこの頃になると携帯電話の充電池が弱くなってきます。待ち受け時間が短くなってしまうとユーザーは「そろそろ新しい機種に買い替えようか?」と考えてしまうのです。そのようなタイミングで無料で電池を新品に交換してあげるとユーザーはまだまだ長い期間使ってくれることがわかっているのです。

▼携帯電話会社は本当はあまり頻繁に本体を買い替えてほしくはないというメカニズムに注目しましょう。

問題 28

グルメのガイド本として有名なミシュランガイド。本場フランスのミシュランガイドを見ると南仏方面に三ツ星レストランが多いことが知られています。なぜ南フランスには評価の高いレストランが多いのでしょうか？

ヒント　ミシュランガイドの親会社のビジネスモデルを考えてみましょう。

■その方がミシュランタイヤをすり減らすことになるから

ミシュランガイドの親会社はフランスが誇る世界的タイヤメーカーのミシュラン社。フランス人は夏になるとバカンスでパリから南フランスへ大移動するという特徴があります。このバカンスの際だけでなく、もっと頻繁に車を飛ばして南フランスに出かけて欲しいという考えから、ミシュランガイドには南フランスのフランス料理店がたくさん掲載されているわけです。車の走行距離が長いほど、新しいタイヤが必要になりますから。ちなみにミシュランガイドの表紙に描かれているのはタイヤでできたキャラクターで名前はビバンダムといいます。

▼日産自動車のカルロス・ゴーン社長もミシュラン出身のビジネスマン。ゴーンさんのように考えてみよう。

問題 29

ＩＢＭがかつて発売した低価格レーザープリンタは高級モデルと同じ部品を使って作られた基本的に同じ製品でした。しかし高級プリンタが欲しい顧客と、低価格のプリンタが欲しい顧客とで、販売面では商品の棲み分けができました。このようなマジックが成立したのは、ＩＢＭがふたつの商品にひとつだけある違いを作ったからですが、その違いとは何でしょう？

ヒント　同じ商品にひとつだけ大きな違い。何が違うと価格を大きく変えることができるのでしょう？

■低価格のプリンタには印刷速度を遅くする命令が組み込まれていた

もし単一のプリンタを設計・製造して2種類の価格で2種類の異なる顧客セグメントに販売することができれば、最初から2種類の異なるプリンタを設計・製造するよりも生産コストが下がって儲かるはずですね。自動車では同じ商品の価格を内装などのグレードを変えることでこのことを達成するのですが、コンピュータの世界ではプログラムを変更するだけでこの目的が達成できることが多いのです。実際ＩＴ製品の世界では、プリンタだけでなく、ＩＣチップも、ソフトウェアも同じビジネスモデルを採用しています。

▼パソコンのソフトは先に上位製品を設計した上で、下位製品には特定の機能が実行できないように追加命令の設計を行います。少しだけ追加の手間をかけて製品性能を下げることで製品ラインナップが完成しているのです。

コラム●製品ピラミッドビジネスモデル

ビジネスモデルにもいろいろありますが、あらゆるビジネスに使える、製品ピラミッドビジネスモデルという価格設定にまつわる基本的なビジネスモデルがあるので紹介しましょう。

このビジネスモデルは電化製品からおしゃれなレストランでのディナーコースの価格設定まで、実に様々なシーンに登場します。

たとえばキヤノンのプリンタ複合機の例で説明しましょう。

2012年秋のキヤノンのインクジェット複合機のラインアップは4種類で、家電量販店の実売価格が安い方から順に価格を調べるとMG3230が6280円、MG4230が9100円、MG5430が1万4800円、最上位機種のMG6330が1万6800円という具合になっています。

当然のことながら印字の品質や印刷速度の性能が上位機種になるにしたがって向上していき、価格もそれにしたがって高くなっていきます。

このように安い普及品から高い高性能品まで何種類かの階段状の製品ラインアップを設定

することを、製品ピラミッドと呼びます。

この製品ピラミッドがビジネスモデルとしておもしろい点は、一番安い製品がいちばんたくさん数が売れること。そしてその一番安い製品についてはメーカーはほとんど利益がでない（ないしは場合によっては赤字）ことです。

実際にカカクコムで調べてみると、キヤノンのこの4種類で一番人気の商品は一番安いMG3230で、実は世の中すべてのインクジェットプリンターの中でも一番人気です。

なぜメーカーはこのような一番たくさん売れる商品で儲けようとしないのでしょう？

その理由は、一番安い商品の役割は、他の商品と違うからです。

一番安い商品の役割は競争相手からの参入を防ぐファイアーウォール。頑張れる限りの安い価格にすることで、まだプリンタを作っていない他のメーカーに、この分野に新規参入してみようという気持ちをなくさせるのです。

「こんなに安いのでは競争しても儲からないな」

と考えた相手は、あえてこの分野には入ってきません。実際には自分たちもこの商品では儲かっていないのですが、競争相手が来ないことで、上の3つのグレードの商品で儲けることができるのです。

問題 30

パソコン業界ではパナソニックや富士通のような完成品メーカーよりもマイクロソフトやインテルのようなOSや部品を製造する会社の方が儲かっています。でも同じパソコン部品でもメモリやHDDを作っている部品メーカーはインテルほど儲かってはいません。これを見て普通の人は「心臓部を押さえた会社が儲かる」と言うのですが、ハーバードビジネススクールのクリステンセン教授は違う説を唱えました。実は「メモリやハードディスクの分野でも高収益の会社がある。だから実は高収益のカギは○○だ！」と言ったのですが、クリステンセン教授が言うパソコンの分野で高収益になる会社の共通点とは何なのでしょう？

ヒント　まったくわからないという人は、パソコンのOSに対して不満を感じていないかどうかを思い浮かべてみましょう。

■性能が不十分な部分は儲かる

ハードディスクはどの企業でも製造できるのでハードディスクの製造メーカーはそれほど儲からないのですが、ハードディスクの中のピックアップ部の部品は性能差が大きくて、性能のいいピックアップを製造することができるメーカーが高収益を上げています。メモリでも完成品は大手メーカーの製品であれば性能は変わりませんが、メモリの製造機械はメーカー間の性能が違うので、一番いい製造機械を作っているメーカーは儲かっています。それを見てクリステンセンは「性能が不十分で技術に改良の余地がある部分は儲かるけれど、性能が十分になってしまってどの企業が作っても差が出ない部分は儲からない」と主張しました。ハードディスクの組み立てても、パソコン自体の組み立てても、どの会社も差が出せないから儲からないという理論です。

▼パソコンのOSはいつまでたっても性能は不十分。そこに儲かる可能性が存在しています。

問題 31

プリンタのキヤノン、リポビタンDの大正製薬、化粧品の資生堂、この3社の共通点は高収益企業であるということです。ではなぜこの3社は高収益なのでしょう？　この3社の共通点は何でしょう？

ヒント　この3社は異なるビジネスモデルの企業ですが、目のつけどころは同じです。

■水を高く売っている

この3社の共通点は主力商品の価格が、原価に一般的な適正利潤を加えたレベルよりもずっと高く売れていることです。キヤノンのプリンタのビジネスモデルは本体を安く売って、後から高いインクを売るやり方。インクの原材料費はとても安いのですがユーザーは高く設定されたインクを仕方なく買うしかありません。大正製薬が他の製薬会社よりも利益率が高いのは、健康ドリンクの効能を求めて消費者が原材料費よりもずっと高く買ってくれるからです。化粧品も同様に原価は低いけれど、消費者は希望を求めて化粧品を高く買ってくれるのです。インク、健康ドリンク、化粧水とも、その主原料は水です。もちろん、水そのものだけにお金を出しているわけではないでしょうが、高収益のビジネスモデルを築いています。

▼専門用語で言うと、コストプライシングではなくバリュープライシングが成立するビジネスモデルを作ることができているので儲かるのです。

まとめ◆理由を考えてみる

ビジネスモデルが企業の高収益につながるポイントは、その着眼点が他の競争相手から気づきにくいことに往々にして理由があります。なぜならそれに気づかれてしまえば、競争相手がつぎつぎに同じ方法で参入してくるからです。

言い換えれば高収益な状況が維持できている会社のビジネスモデルは、なぜ儲かっているのか本当の理由が実は普通は気づかないところにあることが少なくありません。

そのような秘密にはグーグルを調べてもなかなかたどり着くことはできません。

秘密に迫ろうと思ったら、まずは自分の頭を使って一生懸命考えてみることが重要です。

普段から、ただ漫然と「あの会社は儲かっていていいなあ」と思うのではなく、「あの会社が儲かっている本当の理由はなんだろう?」と考えるクセをつけてみる。それが戦略思考力を高めることにつながる姿勢といえるのです。

とはいえ、ビジネスモデルの秘密というのは一般常識を超えたところに真実があるものです。幸いにして世の中には、解明されたビジネスモデルについて解説された教科書もたくさんあります。

ですからまずはそのような本の知識からビジネスモデルの基本パターンを理解したうえで、新しく目にした高収益企業のビジネスモデルの秘密が、どこにあるのかを思考するという手順を踏むことが、真実にたどり着くための王道といえるかもしれません。

6

ビジネス常識を働かせてみるの章

前章では新しいビジネスモデルの話を取り上げました。新しいビジネスモデルの秘密に気づくためには常識を捨て去る必要がありますが、いつも常識を捨て去ってばかりいるのでは、それはそれで問題です。普通の状況下では、当然のことながらビジネス常識の方がはるかに大切なもの。

さて、物事がそうなっているのには、必ず何らかの理由があるものです。

この章では、ビジネス常識が豊富にある人に有利な問題を集めてみました。中には「それは当然だろう」という問題もあるかと思います。

特に最初の一問はサービス問題として簡単なものが出題されていますが、徐々に、常識の範囲内でも難易度の高い問題に進んでいくことになります。

ここでは、ふたつの観点での戦略思考のトレーニングをしていただきたいと思います。

ひとつは常識の範囲内の事柄でもいくつかの前提を組み合わせると新しい発見ができるということです。

夏に暑さをしのぐための商品が売れ、冬は寒さを乗り切るための物が売れます。富裕層は高価な商品を買うことができますし、大衆市場では普及品が一番売れます。

どのようなビジネスでも、そのビジネスのメカニズムの裏には一定の常識があるのですが、その常識がどのように組み合わさって物事が起きているのかを見抜く能力は重要です。

ある常識のメガネでとらえた問題は、一歩引いて別の常識のメガネでとらえると全然違ったものに見えるかもしれない。そんな経験を味わっていただくのが、この章で集めた問題の意図するところです。

そしてもうひとつ考えていただきたいことは、それがわかっているのに、会社はそれを避けることができないケースがあるということです。

この章にはテレビの問題が出てきますが、ちょっと後味の悪い、そして現実にその後の日本経済に影響を与える結果を引き起こしています。

この章の問題をただ解くのではなく、解いた後に、なぜこういったことが経営の現場で即座に対応できないのかという点について考えてみることは、意味のあることだと思います。

このふたつ目のポイントについて思いを馳せることができるようになれば、戦略思考力はさらに実用的なレベルに近づくことができると言えるでしょう。

問題 32

あるスーパーのある店舗での話です。今月の売上高が集計されたところ、前の月よりも売上は下がっていました。けれども店長さんはそのデータを見て「今月は頑張ったな。よくやったぞみんな」と喜んでいます。いったいぜんたい店長さんはなぜ喜んでいたのでしょう?

ヒント　小売店の仕事をしている人にとっては当たり前の問題かも。ひねらずに普通に考えてみてください。

■前年同月比で売上が上がったのを喜んでいた

小売店や外食チェーンは前月との売上比ではなくて、前年同月比を気にします。なぜかというと消費には季節性があるからです。自動車ディーラーなら年度末需要がピークを迎える3月よりも、新年度が始まる4月の売上が大きく下がるのは仕方ありません。むしろ前の年の同月と比べてどうだったかが、今年の業績を把握するためには重要なのです。

▼ダイエー、ユニクロやすき家といった小売業・サービス業の業績は必ず前月比ではなく前年比で情報が開示されています。ご存知ない方は一度、インターネットで調べてみましょう。

問題 33

昭和の時代の話です。アメリカのジョンソン・エンド・ジョンソンが、歯医者さんが使う小型のミラーと同じ形をした『リーチ』という歯ブラシを日本で新発売してきたことがあります。歯を磨くヘッドの部分がこれまでの歯ブラシよりもずっとコンパクトで奥歯が磨きやすい。歯医者さんも推薦するこの商品は日本市場で少しずつ売上を伸ばしていきました。けれども当時の日本メーカーは『リーチ』に対して本格的に対抗商品を出そうとしなかったといわれています。なぜでしょう?

ヒント　同じ商品を出すと日本のメーカーは何が困るのでしょう?

■歯磨きの売上が減るから

歯を健康に磨くには本当は歯磨きはブラシに少しだけつければ十分です。けれど消費者は無意識にブラシの長さだけ歯磨きをチューブから出して使っています。『リーチ』が登場した当時の日本メーカーの主力歯ブラシは長いブラシが特長の商品でした。そのうえ、売上構成比は歯ブラシよりも歯磨きの売上の方がずっと多かったのです。もしコンパクトなヘッドのブラシがマーケットの主流になってしまうと、歯磨きの売上が激減してしまうかもしれません。ですから日本のメーカーは『リーチ』に対して直接対抗する商品を出すことをしなかったのです。

▼〝大局を見れば局地的な敗戦は容認できる〟というのは、戦略的思考の典型ですね。

コラム●「知識よりも思考力が大切」は本当か？

思考力のトレーニングの本でこんな話を始めるのはおかしな話かもしれません。

私が30代まで働いていた外資系のコンサルティングファームでは、当時、「知識よりも思考力こそが重要だ」といわれていました。

知識で競争してもクライアントとコンサルタントは同じレベルで、違いは出せない。だから知識ではなく、どう思考するかで差を出そうという考え方です。

若い社員が職場で日経新聞を読んでいると、

「新聞は朝、家で読めば十分だ。そんなことをする時間があったら、もっと自分の頭で考えろ」

と叱られたものです。

私は常々、この考え方はおかしいのではないかと思っていました。

そこである時、社員の早朝の研修プログラムを作る立場だったことを利用して、ビジネスクイズ大会を行ってみました。

この本のような思考のテストではなく、日本経済新聞を隅々まで読み込んでいないと答えられないような知識をペーパーテストにしたのです。

結果を見ると私の予想通り。

コンサルティングファームでの地位が高い人間ほどペーパーテストの成績は高く、低い人ほどクイズに答えられていません。グラフにしてみるとおもしろいくらい、知識とコンサルタントとしての能力レベルには高い相関がありました。

参加者の中に20問中18問正解の最高得点者がふたりいました。パートナーとマネジャーそれぞれひとりずつだったのですが、そのパートナーは5年後に、マネジャーは10年後にそれぞれ、このコンサルティングファームの日本代表の地位にまでのぼり詰めました。

このエピソードから学べることは何かというと……

要は、日本経済新聞はよく読みましょうという話です。

問題 34

これは本当にあった話です。中国に進出したある化粧品メーカーのお店では、万引きの多さに頭を悩ませていました。万引きされた商品が回りまわってオークションで出回っている様子すらあるのです。ところが店員たちはいくら注意しても万引きに無頓着なまま。そこで会社は対策として万引きの数量に応じて店員の給料からペナルティを差し引くことにしました。その結果、いったいどうなったでしょうか?

ヒント　〝たぶん悪い結果になったんだろう〟ということは文脈から想像できますね。でもなぜでしょう?　それを考えてみてください。

■万引きが激増した

それまでの万引きは店員の知り合いがやってきて商品をくすねていくのを店員が黙認していたことが問題でした。ところが新しいルールでは万引きが起きた分、店員の給料が減ることになります。そこで店員は知り合いと話し合って、知り合いから万引きの数量に応じたキックバックをもらうことにしたのです。お店からの了承が得られたと考えた知り合いは、さらに大手を振って万引きをするようになったのでした。

▼なぜそれが起きているのか？　を無視すると、さらに悪い結果をもたらすという話の典型です。

問題 35

このグラフはある消費財の普及率の分布を表したものです。横軸は人口密度、縦軸はその商品の世帯普及率、ひとつひとつの点は埼玉県の市区町村を表しています。グラフにプロットするとこのようにきれいな三日月型になるこの商品とはいったい何でしょうか？

ヒント　グラフの傾向から市場で起きていることを考察する練習です。住宅密集地ではそれほど必要ではなくて、人口がまばらな場所では一世帯に2つも3つもあるものとは何でしょう？

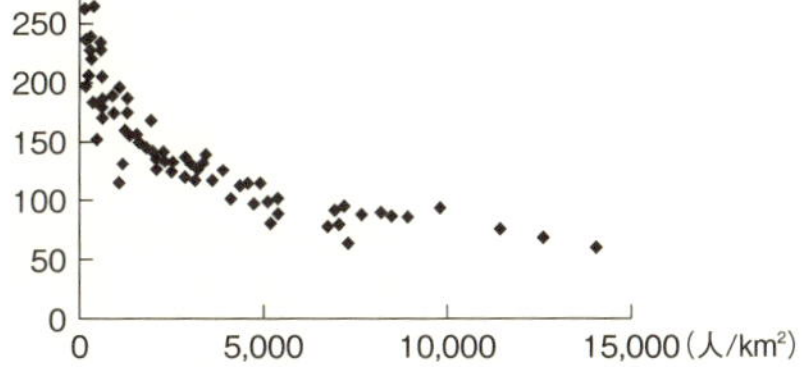

■乗用車（軽自動車を含む）

首都圏の中心部で駐車場を借りようとすると場所にもよりますが住宅地でも月5万円も駐車場代がかかるところがあります。土地代が高い一方で、公共交通機関が発達していますから、このような場所では自家用車の普及率は低くなるのです。一方で首都圏でも鉄道駅から遠くて国道沿いに量販店が発展しているような場所では軽自動車も加えると一家に2台以上車を保有している世帯が少なくありません。グラフにするとこの傾向が顕著にわかりますね。

▼計算してみるとわかるのですが、日本国内の自動車の7割の台数は町田市よりも人口密度が低い市町村で購入されています。銀座に本社のあった自動車会社がかつて経営難になったのはひょっとして本社がマーケットから離れていたからかもしれませんね。

問題 36

　1990年代の終わり頃に平面型ブラウン管テレビが大ヒットしたことを覚えていらっしゃるでしょうか？　ガラスメーカーが開発した特殊なガラス素材のおかげで、それまで曲面でないと爆発してしまう恐れがあったブラウン管が、画面が平面でも大丈夫になりました。この技術のおかげでテレビの画像もより実物に近くなったのです。さてこの平面ブラウン管テレビが大ヒットしたメーカーの経営者は、この成功を見てなんと言ったでしょう？

ヒント　その後に起きることをばっちりと予言していました。

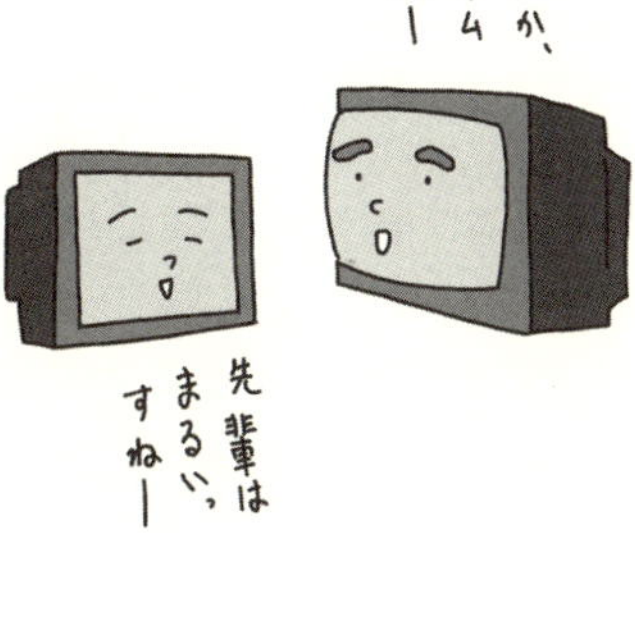

■「この成功でわが社のテレビは10年遅れた」

今になって振り返ってみれば、この時代が日本製のテレビが強かった最後の時代。それから15年足らずで世界のテレビ市場を席巻しているのは、サムスンとLG電子の薄型テレビになってしまいました。だったらもっと早く薄型テレビに資源集中をしておくべきだったなどというのは、後知恵ですね。

▼ヒット商品の大成功に喜んでいる技術者たちを前に、しかも15年前にこんなことを喝破するとは、さすが大企業のトップともなると視野の広さが違うものです。

まとめ◆常識は必ずデータに裏付けられる

この章では乗用車のグラフの問題がありましたが、このグラフは私が20代の頃にコンサルタントとして調べたものをベースにしています。

このグラフはメーカー別に作成することができます。それを調べてみると、スズキの軽自動車は普通のグラフ以上に、人口密度の小さい地域に集中してたくさん売れていることがわかりました。それに対して他の軽自動車メーカーは、もう少し人口密度が大きい町で売れています。

実際に東京から山中湖や八ヶ岳のような郊外にドライブしてみるとわかりますが、市街地にはホンダ、ダイハツ、三菱といったディーラーが多く見受けられますが、郊外ではどの町にも必ず小さな自動車修理会社があって、そういった修理工場には必ずスズキの看板が掲げられています。山奥に近づいてくると、ほとんどの看板はスズキだけになります。

そういった修理工場の人に、

「なぜ都会的なデザインのホンダを売らないんですか？」

と聞くと当時は、

「修理部品がモデル毎に違うからな」

という答が返ってきました。スズキの軽自動車は歴代のモデルである程度、修理部品が共通化できるように考えて設計しているそうです。ところがホンダの軽はモデルチェンジ毎に新しい部品を導入するから、町の修理工場ではすぐに直せないことがある。だから売りたくないのだそうです。

そういった〝現場の人にとっての常識〟が、分析してみるときちんとグラフに出てくるというのは面白いことだと思いませんか？

常識はかならずデータに裏付けられる。このことを覚えておくだけで、戦略思考力はひとつ高まるかもしれませんね。

7

だいたいの大きさを推定するの章

戦略コンサルタントに必要なスキルのひとつに、だいたいの大きさを推定するという技術があります。それはたとえばこんなシーンで使われます。

あなたが食品用乾燥剤（シリカゲル）の用途開発のアイデアを評価するコンサルタントだったとしましょう。食品用以外の用途でシリカゲルがもっと売れないかと、いろいろなアイデアを出してもらった中に、

「靴下の中に入れて水虫を予防する」

というアイデアが出たとします。この商品、うまくいったとして年間どれくらいの売上になるでしょう?

コンサルタントはこういった問題を推定するのが得意です。

たとえば私なら、

推定売上＝水虫に悩む人口×市場浸透率×年間購買量×単価

というように式を置きます。答を出すために、まず推定式を作って、次に式の中に代入す

べき数字を集めたり、推定したりします。

調べてみると日本人の4分の1が水虫に悩んでいるといいます。子どもを除いてざっくりと推定すれば、２５００万人が水虫に悩む人口と置くことができます。

そういった人のうち、どれくらいがこの商品を買うでしょう？　わからないときはざっくりと10％とか5％とかいう市場浸透率の数字を仮説で置いてみます。仮にこの商品がヒットしたら水虫に悩む人の10％が靴下に乾燥剤を入れる習慣がつくようになると仮定してみましょう。

購買量と単価は、商品をイメージして仮定を置きます。たとえば足の指で乾燥剤をがっしりと握って靴下を履く、そんな商品。40個入りで市販価格が１００円。40個といっても両足ですから、20回分。これが1カ月の購入量として、年間12パック購入すると仮定します。

さあ掛け算をしてみましょう。

推定売上＝2500万人×10％×12パック×100円＝30億円！

日用消費財メーカーのちょっとした新商品としては、そこそこの市場規模かもしれませんね。なおこれはあくまでブレストで出たアイデアの話ですので、靴下の中におせんべいの中に入っている乾燥剤を入れても安全かどうかはわかりません。入れてみようと思った方は自己責任でお願いします。

さて、このようなざっくりとした規模感の推定のことを、コンサル業界用語で『フェルミ推定』といいます。物理学者のエンリコ・フェルミが好んで学生にこういった問題を出したからだと言われていますが、そのエピソードは章末でご紹介するとして、この章では、フェルミ推定にちなんだ問題にトライしてみましょう。

まずは、簡単な問題からです。

問題 37

フェルミ推定の簡単なトレーニング問題から始めましょう。サッカー・Jリーグのリーグ戦の年間観客数は何人ぐらいでしょう？

ヒント　手順としては①年間観客数を計算する式を作る⇒②計算に必要な数字をだいたいでいいので推定して式に代入してみるというやり方をとります。Jリーグに詳しくない方のためにヒントを出すと、2013年のシーズンは、Jリーグは2リーグ制で合計40チーム。ホーム＆アウェー方式でリーグ戦を戦っています。

答の例

数　式：チーム数×ホームゲームの試合数×観客数
推定値：40チーム×19試合×1万人＝760万人
公式値：727万人（2012年度Jリーグ発表）

「サッカーには詳しくなくて」という人も「えっ、J1とJ2でチーム数も試合数も違うし」という詳しい人もいたと思います。ざっくりとした規模感の計算でプラスマイナス30％程度の誤差に収まればたいしたものです。500万人〜950万人に答が入っていればOK。大切なのは数式が論理的に正しいかどうかです。試合数については、あるチームにとってのアウェーゲームは、相手チームにとってホームゲームなので、全試合数はホームゲームだけ数えればよいことになります。

ちなみに2012年はJ1が18チーム（ホームゲームは17試合）で平均観客数1万6000人、J2が20チーム（ホームゲームは19試合）で平均観客数は6000人でした。

問題 38

北海道を訪れる観光客は年間何万人でしょう?

ヒント　予測式はいろいろと立て方がありますが、供給サイド（交通機関の輸送キャパシティはどれくらい?）から計算する方が、需要サイド（国民ひとりあたりどれくらい旅行するか?）よりも正確に計算できるのではないでしょうか。もうひとつヒントを出すと、羽田空港から新千歳空港に向かう飛行機はJAL、ANAあわせて1日45便ぐらいです。

答の例

数　式：航空機の便数×便あたり旅客数×来道者比率　　推定値：600万人
公式値：487万人（平成23年度北海道観光入込客数調査報告書）～703万人（第5回北海道観光産業経済効果調査）

ヒントを見なくても羽田空港から札幌（新千歳）に向けて1時間に飛ぶ便は3便くらいだと仮定すれば朝6時から夜9時台まで1日45便が札幌に飛ぶと想定できます。大阪、名古屋、福岡など他の都市から合計して、羽田発と同じぐらい飛ぶとすれば1日90便。旭川、帯広、函館などにも、札幌行きの約4割の飛行機が飛んでいるとすれば、1日130便が北海道に向けて飛ぶことになります。

便あたりの旅客数が250人、その半分が来道者（半分が北海道の居住者）と仮定して前出の数式に代入すると、1年間の来道者数は600万人と推定されます。

実際は航空機の国内線が年間1050万人なのに対して、鉄道が220万人、フェリーが100万人、さらには外国人観光客60万人前後なので、3割の誤差範囲内という意味では〝大半が国内線の航空機〟という仮定でまあ大丈夫だったようです。

問題 39

自動車を輸出する自動車専用船では15人のプロドライバーが輸出する車を運転し、船倉に車を隙間なく積み込んでいきます。彼らは1時間あたり３００台のハイペースで1日12時間半かけて作業を行うそうです。さてエジプトのクフ王のピラミッドを、石の代わりにすべて自動車で作ることにしましょう。ピラミッド型の駐車場にこのドライバーたちが自動車を積み込んで、ピラミッドの石の数と同じ台数の自動車のピラミッドを完成させるのに、最短で何日かかるでしょう？

ヒント　クフ王のピラミッドは底辺が２３０メートル、高さは２１０段。ひとつの石の大きさは70センチ×70センチ×2メートル。おっとこれくらいのヒントでまずは計算してみましょう。石の数が計算できれば後は単純計算です。

答の例

数　式：所要日数＝ピラミッドの石の数÷１時間当たりに積み込む自動車の数÷１日の労働時間

　ピラミッドの石の数＝底面の石の数×段数×１／３

推定値：７０５日　　公式値：ピラミッドの石の数は２３０万個

底辺が２３０メートルということは面積はその２乗で5万２９００平方メートル。石の底面積は１・４平方メートルだから底面に敷き詰められる石の数は3万７７８６個です。立方体ならそれを２１０段積めば石の数は約７９０万個ですが、ピラミッドの場合は？　円錐の体積は円柱の体積の３分の１であることを、近似法として使いましょう。立方体の３分の１だとすればピラミッドの石の数は全部で２６４万5千個になります。あとは式に代入すれば７０５日、車であれば2年弱で積みあがることになります。

　定説では大ピラミッドは20年かけて積み上げたといいます。２分で石１個を隙間なく積み上げた計算ですね。精密な大ピラミッド建設作業のこのハイスピードぶりに疑問を投げかける考古学者は少なくありません。

問題 40

コンサルタントであるあなたは飲料の自動販売機のオーナーにインタビューしました。彼は自販機オペレーターから「平均的な自販機オーナーです」と紹介してもらった人です。オーナーの話によれば、120円の飲料が1本売れるとオーナーの取り分は24円。電気代4000円を経費で引いた1カ月の儲けは1万円だと言います。さあ、たったこれだけの情報から、国内に飲料の自動販売機が何万台あるか推定してください。

ヒント　一見無茶な問題ですが、実はフェルミ推定で解ける問題です。経済学の法則から儲からない自販機は淘汰され、平均すればこの程度の需要がある自販機しか生き残っていないはずという前提で推理してみましょう。

■答の例

数　式：自販機の数＝1カ月に全国の自販機で売れる飲料の数÷1カ月にこのオーナーの自販機で売れる飲料の数

推定値：160万台　公式値：253万台（2011年末：日本自動販売機工業会データ）、月間売上本数15・7億本（売上高からの逆算推定値）

こういった超ミクロの情報から別のマクロの数字を推定する作業も、コンサルの仕事ではよくやる作業です。このオーナーの自販機の売上本数は（儲け＋電気代）÷24円で逆算すれば1カ月583本。

では日本全体での缶飲料の自販機売上本数は？　こういった計算には2対8の法則といわれるパレートの法則を使って推定します。たとえば毎日1本飲むヘビーユーザーが国民の2割いて、それが売上全体の8割を構成していると仮定します。つまり2500万人の国民が月30本自販機で飲料を買うので7億5000万本。それが全需要の8割だったとすると全需要は1カ月9億3750万本と推定できます。

9億3750万本÷583本＝160万台というのが推定値です。

コラム●エンリコ・フェルミのフェルミ推定問題

物理学の勉強をした人ならエンリコ・フェルミという物理学者の名前は絶対に一度は耳にしたことがあるはずです。量子力学分野の黎明期にフェルミ＝ディラック統計と呼ばれる業績を残し、1938年にノーベル物理学賞を受賞しました。

そのフェルミがシカゴ大学時代によく学生に概算問題を出していたことから、このような推定問題をフェルミ推定と呼ぶようになりました。

フェルミが投げかけたフェルミ推定の問題として一番有名なのは、

「シカゴにピアノの調律師は何人いるだろうか？」

という問題でしょう。

この問題は90年代にマイクロソフトの入社試験でよく使われたことで（その際には「アメリカ全土に」とか「全世界に」といった具合に前提もいくつか変えられたりしたそうです）ネット上でも有名になり、いろいろな本でこの問題の解き方と模範解答が説明されています。

答の推定の方法としては、

シカゴのピアノの調律師の数＝シカゴ市内のピアノの台数÷ひとりの調律師が年間に調律するピアノの台数

を求めます。300万人都市のシカゴ市には100万世帯があります。その1割がピアノを所有しているとすれば市内のピアノの台数は10万台。ちなみにこの〝1割〟という仮定の部分はフェルミ推定をする際のキモです。

富裕層のような一部が所有する場合はざっと1割、パレートの法則でヘビーユーザーを想定する場合は2割、ざっと五分五分なら5割という感覚でコンサルタントはこの比率を使い分けますが、ここの部分に一番〝推定の芸術〟の力の差が出るものです。

平均的なピアノの調律師は1日3台のピアノを調律して年250日働くとすれば1年に調律できる台数は750台。この前提で考えれば10万台÷一人750台で、シカゴ市内には130人の調律師がいると計算できます。

さて、アメリカの人口はシカゴ市の人口の約100倍ですが、1998年のアメリカ労働統計局のデータではアメリカ全土には1万3000人の「楽器修理業、調律師」がいるとされていて、その大半はピアノが仕事の対象だといいます。

まとめ◆ざっとした計算をあなどるなかれ

世の中のビジネスマンを眺めていると2通りの人種が存在するように思えます。きっちりとした数字しか受け入れない人と、ざっくりした数字で考える人です。

前者は銀行や経理、原価計算などの仕事に向いていますし、後者は営業や事業開発、そして戦略コンサルタントに向いていると思います。

実際、わたしのようなコンサルタントはよくクライアントから、

「こんな商品を考えたんだけど、売れるかな？」

と聞かれますが、その瞬間には頭の中でもうフェルミ推定が始まっています。

「この変ちくりんな商品を買うのはたぶんこういった変わった人で、その人が年間に○回これを使うだろうから、単価○円として年間売上は○億円。2対8の法則で考えたら普通の人も含めた全売上はその1・25倍」

なんていう計算を瞬間的に行う習慣がついているのです。

もちろんその計算結果をクライアントに話す際には、

「御社のこのユニークな商品を買うのは……」

と言葉を修飾することも、優秀なコンサルタントだったら忘れたりはしません。

コンサルティングファームの世界ではコンサルタントが若いころからこういったフェルミ推定と呼ばれる推定方法を日常的にトレーニングしていくので、左脳型の人だけでなく右脳型の人でも比較的こういった推定が得意になるものです。

ただ右脳型のコンサルタントの場合は、計算式が完成した段階で検算をすることを強くお勧めします。というのは左脳型の人と違い、計算式の要素をぽっかりひとつ抜いてしまうことがあるからです。

たとえば上記の例で、推定売上＝顧客の人数×単価×購入頻度といった計算式をたてたうえで購入頻度を「月2回」と仮定しながら年間売上の推定で12倍することを忘れたりするのが右脳型のコンサルタントがよく失敗する点です。

フェルミ推定では推定式が間違っていると答が1ケタ～3ケタぐらい違ってきます。そうすると本当は「市場が大きい」というべきところを「市場は非常に小さい」というように、結論が正反対になるので要注意です。

8

難易度を上げてみようの章

コンサルティングファームに所属する経営コンサルタントと、クライアント企業に所属する優秀な社員。常識で考えれば、その業界に精通し知識や経験が豊富なクライアント企業の方が、よりよい戦略をより早く立案できるはずです。

ところが実際には、よく訓練されたコンサルタントは、クライアント企業の社員よりもずっと早く、しかもポイントを押さえた戦略を立案することができます。

このように外部のコンサルタントが、驚くほど早く戦略を立案できる背景には〝仮説思考〟という方法論が役立っています。

コンサルタントがたとえば半年かけてクライアント企業の事業戦略を構築するプロジェクトを請け負ったとすると、まずその初日に最終提言、つまりプロジェクトの答えを議論して決めます。

ただし決めるといっても仮決めです。

「このクライアントを取り巻く最大の課題はナニナニにあって、それを克服し成長するためのドライバーはコレコレのはずだ。だからそのコレコレに経営資源を集中する戦略が、クライアントに最大の成長をもたらすはずだ」

というような仮説を初日に立てるのです。

そしてその後の作業でも、半年間という限られた期間ですべての問題や課題を洗い出すことはせず、仮説を軸にそれが正しいのかそうではないのかを集中して検証していくのです。

このクライアントにとって最大の課題は本当にナニナニなのか？

それを克服するためのドライバーは本当にコレコレなのか？

そこに経営資源を集中することが本当に正しいのか？

〝一番重要な論点は何か〟ということを最初に議論して、そこから順番に本当にそうかどうかをつぶしていく。

これが仮説思考で、このようなアプローチを採るからこそ、コンサルタントは普通のビジネスマンよりもより早く問題解決や戦略立案の答えにたどり着くこと

ができるのです。

この〝仮説思考〟では、よい仮説を立てられるかどうかの能力が重要になります。

そこでこの章では、よい仮説を立てる訓練になるような問題を取り揃えてみました。

いったいなぜそんなことが起きているのだろう？　それを考えるにあたっては、より発想を飛躍させ、より常識を取り払った思考をしなければ正解にたどり着けない。そのような問題ばかりを集めてみました。

この章の問題はやや難易度の高い問題ばかりです。

その前提で、問題に取り組む際には、可能性をいろいろと考えながら取り組んでみてください。

正解にたどり着くことができたか？　正解に近い発想に考えが及んでいたか？　そのような問題数が多い方ほど、仮説思考の能力が高い人だといえるはずです。

問題 41

エジソンの発明した電球はまたたくまに普及して、電球メーカーは性能を競い合うようになりました。電球の寿命はだんだん伸びて1920年代には2500時間を超える寿命の電球も登場するようになります。ところが1940年代になると世の中の電球はどれも寿命が1000時間と短くなってしまいました。どうしてそうなったのでしょう？

ヒント　寿命の短い電球が主流になった背景に、どのような事情があるのか？　まずはさまざまな仮説を立ててみてください。

■寿命を短くしないと電球が売れないことがわかった

アメリカ・カリフォルニア州のリバモア消防署には少なくとも1901年からもう百年以上もの間点灯を続けている電球があります。これは1895年に製造された電球で、世界で最も寿命が長い電球だといわれています。電球の寿命が長いと電球は売れなくなりますね。そこで1924年にスイスに世界の電球メーカーが集まってポイボスカルテルという国際カルテルを結んで、1000時間で寿命が切れるような電球を研究開発するように命じたのです。カルテルに参加したメーカーの電球は本部で検査され、点灯時間が1500時間を超える電球を発売すると罰金が科せられるようになりました。そして1940年代にはすべてのメーカーの電球の寿命が1000時間以内に収まるという目標が達成されたのです。

▼意図的に商品を老朽化させて買い替えを促進するという考え方は、カルテルが違法とされる現代では方法を変えてはいますが、今でもメーカーが追求するテーマになっているのです。

問題 42

7章の問題で北海道へ旅行する旅行者の数は年間600万人だという答を出しました。ところで平成22年度の北海道の調査によれば北海道の観光市場の大きさは年間1兆3000億円だといいます。このふたつの数字を単純に割り算してみると、北海道への旅行客が北海道で使うお金はひとり平均で22万円ということになります。航空券の金額が含まれているとはいえ、かなり数字が大きくて現実的ではない感じがします。このような計算間違いをしてしまう見落としは、どこで起きているのでしょう。

ヒント　この問題は左脳を使ったほうが早いかも。可能性として何が違っているのかを列挙して考えてみましょう。

■北海道の観光市場規模は、北海道内の人が観光している分の金額の方がはるかに大きい

北海道の観光業界関係者には常識なのですが、北海道観光の市場規模は道内需要が7200億円、道外からの観光客需要が4900億円と、規模は道内需要の方がずっと大きいのです。ですからそれを考慮しないで割り算すれば、結果が2・7倍になってしまって、北海道旅行の平均予算が大名旅行のように見えてしまうのです。実際に道外の観光客需要を600万人で割って計算すると8万円になります。東京―北海道の往復割引航空券が5万円前後することを考えれば、この数字の方が22万円よりもずっと妥当な数字に見えますね。

▼道外需要だけを観光市場規模だと錯覚してしまうと、この問題だけでなく北海道観光についての戦略自体も見誤ることになります。

問題 43

携帯電話の料金体系はどの会社の場合も複雑なものになっています。それにしてもなぜわざわざ複雑な料金プランをたくさん作っているのでしょうか？　携帯会社にとってたくさんのプランがある最大のメリットとはなんでしょう？

ヒント　理由についての仮説を立てる練習問題です。どの会社も同じように複雑ということは、何か共通のメリットがあるはずですね。

■他社と比較をしにくくなる

携帯電話を買うときの一番の悩み事は「どの会社の携帯が一番オトクなんだろうか」ということです。簡単な比較サイトがあったら便利なのですが、比較しようとすればいろいろな数字を入力しないと比較ができません。「1カ月の通話時間は何分ですか?」といわれてもよくわからないし「1カ月のパケットの量はどれくらいですか?」などという質問にはよほど携帯に詳しくないと答えることができませんよね。だから誰も自分の携帯の使い方に一番あった料金プランの携帯電話会社を探すことができない。それはどの携帯電話会社にとっても、無駄な価格競争をしなくてもすむようになるから都合がいいことなのです。

▼経済学では顧客は合理的な判断をするという前提をおいていますが、本当は合理的な判断をしにくくしたほうが儲かるという話です。

問題 44

スーパーの価格は298円とか399円というような価格設定になっています。値札が300円だと顧客はそのまま300円だと思うけれど、298円だと顧客は200円と勘違いして買っていくからだと一般的には言われています。実はこのような価格設定が広がったのは19世紀終わりのアメリカで、最初の導入の理由はそれとは違う理由でした。この時代、小売店にはレジが導入され始めた時代だったのですが、アメリカで2ドル99セントといった価格設定が広がった最初の理由は何だったのでしょうか？

ヒント　レジが導入される前と後で、小売店で何が変わったのか、仮説をたくさん立ててみてください。

■店員が売上をポケットに入れるのを防ぐため

レジが発明されたおかげで、お店のオーナーは一日中お店にいなくても自動的にその日の売上がいくらかがわかるようになりました。そして一日の終わりにレジの中にいくらお金が残っているかも。ですからレジの発明をきっかけに、お店を店員に任せるオーナーが増えたのです。ところがレジにはひとつだけ弱点があります。店員が売上をレジに打ち込まずにポケットに入れてしまってもお店にはそれを把握できないのです。そこで商品の価格を3ドルではなく2ドル99セントにする方法が発明されました。この値づけなら1セントおつりが必要になります。おつりを渡すためにレジを開ける必要がでてきますから、店員が自分で売上をポケットに入れるのが少しだけだけど難しくなったのです。

▼レジ導入前後で〝誰にとってどのような変化が起きたのか?〟を考えることができましたか?　オーナーの利害に思い至ることができた人は合格です。

問題 45

軽井沢の高級旅館からスタートした星野リゾートは、今では経営不振に陥った全国各地の旅館の再生で知られるようになりました。さて『星のや』『界』『リゾナーレ』など星野リゾートが手がける旅館やリゾートの多くは高級路線として再生されていくのですが、それは大衆路線で再生するとある人たちが困るという現実的な事情があるからです。星野リゾートが大衆路線に転換すると困る人たちとは誰でしょう？

ヒント　再生に関わる関係者自体が困ってしまうのですが、それは誰でしょう？

■地方銀行を中心とした金融機関

星野リゾートの再生案件の多くは地方銀行などの金融機関が持ち込んでくるそうです。地方銀行は同じ地域でたくさんの旅館やホテルに融資をしています。星野リゾートが老舗旅館を高級路線で再生してくれれば、その地域全体のイメージもあがるし、他の旅館の営業を脅かすこともありません。しかしもし格安路線で再生が行われてしまうと、地域の旅館がすべて価格競争にさらされて疲弊して経営不振になってしまうかもしれません。高級路線で再生をしてくれないと地方銀行はさらにたくさんの問題を抱えてしまうのです。

▼事業再生の関係者を列挙してみて、それぞれについての仮説を考えれば答が出たのではないでしょうか?

問題　46

かつてコカ・コーラは一度だけ味を改革したことがあります。ライバルのペプシを倒す目的で広範囲に消費者調査を行った結果、多くの消費者が「この味の方がおいしい」と選んだのが1985年に発売された『ニュー・コーク』でした。このときの消費者調査である質問をしていなかったことでこの後『ニュー・コーク』の発売は失敗するのですが、その失敗とは何だったのでしょう？

ヒント　「どちらの味がおいしいですか？」という質問に欠けているものは何でしょうか？

あなたは今のコークがなくなっても構わないですか？と聞かなかった

１９７０年代に『ペプシチャレンジ』と呼ばれる一大キャンペーンが話題になって、ペプシは全米で目隠しした消費者に２杯のコーラを飲み比べてもらってどちらがおいしいかを訊ねました。そこで多くの消費者がペプシを選んだのです。そのためコカ・コーラの経営陣は味を改革する決断をしました。新しい『ニュー・コーク』は以前よりも甘くておいしいと社内では考えられていたのですが、それまでのコークが発売されなくなると知った消費者はコカ・コーラに対して猛烈な抗議活動を繰り広げました。その結果、３カ月で以前の味のコーラを『コカ・コーラ・クラシック』として再発売しなければならなくなったのです。

▼調査結果は〝調べていないこと〟については無力です。

コラム●ペプシの戦い

ペプシコーラは日本ではフォロワーとしての立場が長く続いていますが、コーラの本場であるアメリカではチャレンジャーとしてリーダーであるコカ・コーラを非常にうまく攻略して、熾烈なトップ争いを続けています。

アメリカ市場でのペプシの上手な戦い方をご紹介しましょう。

コーラ好きならわかると思いますが、コカ・コーラ（コーク）が若干辛口なのに対してペプシは甘いですね。この章で紹介した1970年代の『ペプシチャレンジ』（消費者によるコーラのブラインドテイスティングキャンペーン）は、その点に勝算があってペプシが仕掛けたキャンペーンでした。

この時期、ペプシがもうひとつ集中したのはスーパーマーケットチャネルでの逆転劇。

70年代にコーラの容器がガラスからペットボトルに変更になりました。その当時のコカ・コーラ最大の強みはあの独特なデザインのガラス瓶。

そのガラス瓶を世の中から無くすことができるチャンスだと、ペプシはペットボトルに入れた軽くて大容量のペプシコーラを、スーパーマーケットチャネルにどんどん導入しました。

当時はまだ技術的には同じような形のペットボトル容器しか作れなかった時代で、結果としてコカ・コーラに対してペプシは外見上の同質化に成功し、スーパーのチャネルの売上でコカ・コーラを逆転することになります。

もうひとつ、ペプシはマーケティングでもコカ・コーラにうまく挑戦状をつきつけます。コカ・コーラがアメリカ人の伝統的な価値観であるファミリーとか友達を想起させるCMを好んでいたのに対して、ペプシはちょっと不良っぽいクールなイメージを前面に押し出しました。その結果アメリカ人全体ではコカ・コーラが好まれていても、若者層ではペプシが支持されるといった状況を生み出すことに成功します。

スーパーのチャネルにしても、若者層にしても、成長率が高いセグメントですから、ここで優位に立つということは戦略的に的を射ています。

このように70年代はペプシの攻勢がうまくいった時代だったのですが、ニュー・コーク事件の騒ぎの結果、伝統的なコカ・コーラを愛する機運が全米で一気に高まりました。結局この騒動がきっかけになって、コカ・コーラはまたペプシを引き離すようになったのです。戦略が引き起こす結果は読めないですね。

まとめ◆よい仮説とは？

この章のテーマは仮説思考でした。プロのコンサルタントは、より素早く競争戦略を構築するために、プロジェクトの初日に〝仮の答え〟を考えて、それを検証しながら短期間によりよい戦略にたどり着きます。

そのための問題を集めたのがこの章でした。

この章で正解率が高かったのは、おそらく左脳型の読者だったのではないでしょうか？　簡単な問題ではなく難易度の高い問題を集めましたから、右脳型の〝いい思いつき〟で勝負する読者の方が、さまざまなバリエーションのある問題の中でコンスタントにいい答えを思いつくのは難しいはずだというのが私の予測です。

むしろ左脳型の〝論理的なチェックリスト〟を用いて可能性を考える読者の方が、可能性のパターンをつぶしていくことで、正解ないしは正解に近い場所に仮説を持っていくことができたはずです。

とはいえ、左脳型の読者の方でも、いいチェックリストができたところから、かなり意外な真の答えにたどり着く部分ではかなり苦労をされたのではないでしょうか。

その意味で、本当にいい仮説思考をするためには、チームで仮説を作ることが有効になります。

左脳型の人がチェックリストや構造化ツリーを作ったうえで、そこでどのようなことが起きているかという可能性についての仮説は右脳型の人が考えるわけです。

実際、コンサルティングファームが戦略を立案する際にも、チームで作業を行うのは、このように役割分担をしたほうが合理的だという考え方がベースにあるのですね。

9

最後にやられた！の章

戦略思考トレーニングの最後の章です。肉体改造の運動で言えばクールダウンにあたるのがこの章です。とはいえ、この本を読み続けていただいた皆さんが対象ということで、難易度的には中の上レベルの問題で脳のクールダウンをしていくことにいたしましょう。

ただクールダウンをしても面白くはないので、隠れ問題として、この章の問題には、ある共通するテーマを設定させていただきました。

普通に1問1問の問題を解いていくことに加えて、「この章の問題に共通するあることとは一体なんでしょう？」ということも、最後の1問の問題のつもりで一緒に考えてみてください。

「最後にやられた！」なんてことにならないよう、注意深く問題を解き進めてみましょう。

問題 47

スマートフォンに搭載されているGPSデータをビジネスに応用する試みが始まっています。NTTドコモと東京海上日動火災保険は共同でこのGPSデータを用いた保険を販売し始めました。この『ドコモ　ワンタイム保険』がターゲットにしているのは次のどれでしょう？

① 海外旅行保険
② ゴルファー保険
③ スポーツ・レジャー保険

ヒント　頭のクールダウンの問題なので、わかりやすく三択にしてみました。さて、三択問題によくある落とし穴とは何でしょうか？　というのがヒントです。

■全部

ＧＰＳデータを使えばスマホの加入者が今どこにいるかがわかります。その人が仮に成田空港に向かう列車の車内にいれば「海外旅行傷害保険に入りませんか？」とか、ゴルフ場に向かう車に乗っていると考えられれば「ゴルファー保険に入りませんか？」と、理論的にはリアルタイムで勧誘することができるはずです。

▼このようなリアルタイムのビジネスチャンス獲得のイノベーション事例については鈴木良介氏著の『ビッグデータ・ビジネス』に詳しく書かれています。

問題 48

韓国の仁川（インチョン）国際空港はアジアの航空拠点として高い競争力を誇っています。たとえば航空機の離着陸料は関西国際空港の3分の1。その安さを武器に貨物取扱量では世界第4位、日本を含む東アジアではトップを誇っています。仁川空港では価格競争力を高めるためにある収入を高めることで戦略的に着陸料価格を低く抑えています。空港の年間収入1000億円の中の400億円を占める、着陸料ではないその収入源とは何でしょう？

ヒント　左脳をクールダウンしてみましょう。空港会社の収入源にはどんなものがありうるか、想像力を働かせてリストアップしながら、可能性を検討してみましょう。

■免税品の取り扱い収入

仁川空港では戦略的に世界のトップブランドを空港に誘致しています。通常、空港には出店しないルイ・ヴィトンも仁川国際空港にだけは出店しています。そこから上がる手数料収入が空港の収入の４割に相当するのです。そのような大きな収入源があるからこそ、空港の着陸料を戦略的に低く設定することができるのです。仁川国際空港の競争戦略はそれだけではなく、通関のスピードを上げたり、空港全体の人件費をアウトソーシングで下げたり、とにかく日本のライバルの空港よりも競争優位を上げることに力を入れています。

▼この話をもっと知りたい方は、角井亮一氏著の『物流がわかる』という本を読むといいですよ。

問題 49

ホテル業界の常識についての問題です。6章で鍛えたビジネス常識のスジ、ないしは8章で鍛えた仮説構築のスジの両方から正答にたどりついていきましょう。ある高級ホテルでは社員教育として、制服を着たホテルの従業員が館内を走ったり急ぎ足で移動することを禁止するように指導しています。そうしてはいけない理由とは、いったいなぜでしょう？

ヒント　顧客サービスと言う観点でこのような指導を常識としているホテルは結構たくさんあります。

■お客様を不安な気持ちにさせないため

本来高級ホテルとはゆったりした空間であるべきです。そこをユニフォームを着たホテルマンが真剣な顔で走っていると、何か異常事態が起きたのではないかとお客様が不安に感じます。そこで高級ホテルでは制服を着た社員は急いでいるときでも施設の中を走らないように指導しているのです。本当は忘れ物や手違い、客室トラブルなど日々ものすごくたくさんの問題を解決しているサービスの場なのですが、その舞台裏を見せないようにするのももうひとつのサービスなのです。

▼サービスとは何か？　の神髄を知りたい方は石原直氏著の『接客サービスのマネジメント』を読まれるといいですよ。

問題 50

アンケート設計についての基本的な問題です。がん保険を販売する会社が以下のような簡単な無記名アンケートを作成して、社会人を調査しました。設問は以下の3つです。

① あなたはこのがん保険に加入したいですか？
② あなたの年収はいくらですか？
③ あなたの年齢は何歳ですか？

このようなアンケートを活用することで、がん保険についてどのような販売戦略を立てることができるでしょうか？

ヒント　前提として無記名のアンケート調査なので一番目の答えに回答者は正直に答えていると仮定してみましょう。しかし無記名なので「加入したい」と答えた人だけに営業をかけるというのは正解にはなりません。ではどうするのでしょう？

■たとえばダイレクトメールの送付先を費用対効果が高い対象に絞り込むことができる

このような設問のアンケートを判別分析と言います。がん保険の販売会社が欲しい情報は「加入したいか？　したくないか？」という質的な情報です。がん保険の場合、年収の多い人、年齢の高い人ほど加入したい人が多くなる傾向があります。ではどの年収／どの年齢以上なら加入する確率が高いのか？　このアンケート結果を用いることで年収と年齢という量的データから、加入する／しないという質的結論を導く数式モデルを作ることができます。その判別分析結果から、がん保険会社はダイレクトメールの費用対効果の計画を立てることができるのです。

▼こういったアンケート調査の設計と活用方法は『ビジュアル　ビジネスに活かす統計入門』という本で詳しく勉強することができます。

問題 51

日本のメーカーの中でも有数の優良企業として知られる信越化学の話です。事業の柱のひとつ塩化ビニール業界は過当競争で、信越化学の主戦場であるアメリカ市場でも撤退や倒産があいついでいました。２００１年の世界同時多発テロで業界5位のボーデン社が安売りの果てに資金繰りが立ち行かなくなり会社更生法を申請した際に、信越化学はその工場を47億円で買収しました。この買収にはどのような戦略的意味があるのでしょう?

ヒント　金川社長は「ふたつの意図があった」と当時のインタビューで答えています。

■①自前で工場を作るよりもずっと安い、②安売りをする競争相手を消滅させる

不況下の積極投資というのは勇気がいる決断ですが、そういったときの買収は自前で設備投資をするよりもずっと安くあがるものです。信越化学はその直前に60万トンの生産能力をもつ工場を250億円かけて稼動させていました。それと比較して27万トンのボーデン社の工場を47億円で買収できたのはむしろ幸運といえるでしょう。またボーデン社が会社更生法を申請したということは、別の株主がボーデン社を買収するかもしれません。もしそうなればボーデンは引き続き新しい株主の下で安売り戦略を続けてしまいます。自分が株主になることでそのリスクも抑えることができる。金川社長にとっては一石二鳥の買収だったというわけです。

▼信越化学の戦略については淺羽茂、須藤実和両氏の『企業戦略を考える』という本が詳しいです。

まとめ◆戦略思考力には知識が必要だ！

この章を通じた隠れテーマに気づいていただけましたか？

正解は、この章はまるまる1章、日経文庫の近刊の紹介（広告？）になっていたのです。問題を解きながら興味が沸いた方は、ぜひそちらも合わせてご一読ください。

6章のコラム（119頁）でも書きましたが、戦略思考力を高めるためには、本書のような思考のトレーニングが重要ですが、それだけではなく、最近の経営トレンドや、興味深いビジネスモデル、新しい競争の着眼点といったさまざまなことについての知識を高めておくことが重要です。

私個人がやっていることで、戦略思考力を高めたい皆さんにお勧めするものとしては、

① 新聞やニュースには毎日目を通すこと。これは基本です。

② 経済書は自分への投資のつもりで買う。ただ買うだけでなくきちんと計画をたてて読み切ることの方が重要です。私は週最低2冊は本を読み終えることにしています。普通の方の場合、月2冊ぐらいの目標を立ててみてはどうでしょう。

③ 少し目先の変わった情報源も意識して手を広げること。国内の情報源だけに触れてい

ると、異質な考え方の訓練がおろそかになります。海外の情報源に触れることでそれを補うといいでしょう。英字新聞を読むというのもいいですが、普通の日本人の場合、NHKのBS放送でやっている『BS世界のドキュメンタリー』を見る習慣をつけてみてはどうでしょう？

④ 海外に出かけること。自分への投資のつもりで年2回、海外旅行をしてはどうでしょう。それほど高いツアーでなくてもいいので、上海、香港、釜山、サンノゼ、パリといった具合に、行ったことがない街から順番に出かけて、日本との違いを体感してみるのはいい訓練だと思います。

これ以外にも読者の皆さんのご自分にあった方法論を考えればいいと思います。繰り返しになりますが、戦略思考力を高めるためには、考え方の訓練と、知識の補充。このふたつを常に高めていく習慣を身につけることがお勧めです。

おわりに

企業の競争戦略においては戦略思考力が強いかどうかで、立案した戦略の中身、決断した戦略の有効性に大きな差がでます。

いくら競争戦略の教科書を熟読し、戦略立案のフレームワークを熟知していても、戦略を作るという段階になると必ず立案者の個人差が戦略のできばえに、戦略を決める段階では意思決定者の個人差が、大きな差を生みます。

このことは、戦略立案を日常的な仕事としている戦略コンサルティングファームに在籍したことのある人ならば誰でもよく知っていることです。

毎年、何人もの優秀なコンサルタントの卵たちが、コンサルファームに入社してきます。一流企業で名を馳せた者、欧米の有名ビジネススクールで知識や技を磨いてきた者、皆自信たっぷりでコンサルティングファームの扉を叩きます。

そしてコンサルティングファームの中では、過去のさまざまな知見に基づいた戦略事例や戦略立案のフレームワークが整備されています。

にもかかわらず、こうして入社してきたコンサルタントたちは、2年で3分の1が、4年で3分の2の人材が、コンサルティングファームを去っていきます。

もちろん、こうしてファームを去っていく理由はさまざまで、「ファームを去っていった者＝戦略立案の力が足りない者」だとは言いません。

しかし、世界最高レベルのコンサルファームの水準で言えば、力の足りない者は上にあがることはできないのも事実です。野球で言えばＭＬＢのようなレベルでの戦略立案の世界になればなるほど、戦略思考力の差というものは非常に大きくなるのだと考えていただいて結構だと思います。

私が近年、憂慮していることのひとつは、日本企業の競争力が下がってきていること。そしてそれに伴う戦略判断で、致命的に間違った判断を下す企業が増えてきていること。

個別の事例を名指しはしませんが、目先の生き残り策と引き換えに、企業としての重要な財産や人材を削り落とすような経営戦略を選択する企業は、長期的に見れば自殺行為のような戦略意思決定をしているといわれても仕方ありません。

間違った経営判断が世の中で大手を振っている背景にある事情は何かというと、戦略としての選択肢をあまりに狭く考えているからだと思います。

優れた戦略というものは、可能性を広くとった中から、現実性がありかつ最も有利に物事が運べるような事柄に経営資源を集中するものです。一見、奇策や大胆な方法論に見えるものが有効だという場合もあれば、うろたえることなく王道を行くことが正解だという場合もあるでしょう。

重要なことは、広く選択肢を思い浮かべることができる力と、その中から妥当な選択肢を選ぶことができる選択眼、そしてそういったことを積み重ねていく訓練と経験です。

この本は、日本企業のビジネスマンが、楽しみながらこのような戦略思考の力を向上させていくトレーニングができるように書き下ろしました。

楽しみながら一気に読み込んでもいいでしょうし、時間をかけて戦略思考力の訓練に利用することもできるように構成されています。

この本をきっかけに、戦略思考力を高めることへの関心が少しでも高まれば、私にとってこれほど嬉しいことはありません。

この本の企画にあたっては、日経文庫編集長の平井修一さんに非常にお世話になりました。戦略思考力のトレーニングにクイズが使えるという平井さんのアイデアがなければ、この本が世に出ることはなかったでしょう。

本文のイラストはユタカナさんに描いていただきました。本文と阿吽の呼吸の絶妙な仕上がりに感服しました。ありがとうございます。

また多くの友人から問題のヒントを頂戴しました。個別の名前をあげるのは控えさせていただきますが、この場を借りてお礼申し上げます。

おかげで30代の頃にテレビの『高校生クイズ選手権』の問題作成をお手伝いして以来、20年ぶりにまとまった分量の問題作成の仕事を楽しみながら仕上げることができました。問題の作者は解答者以上に思考力が鍛えられるといいますが、おかげでまた一段と思考力が柔軟になった気がします。改めて御礼を申し上げます。

2013年2月　大雪で閉じ込められたボストンのホテルにて

鈴木貴博

著者略歴
鈴木貴博（すずき・たかひろ）
百年コンサルティング代表取締役。東京大学工学部物理工学科卒。ボストンコンサルティンググループ、ネットイヤーグループを経て2003年に独立。持ち前の分析力と洞察力を武器に企業間の複雑な競争原理を解明する競争戦略の専門家として活躍。クイズマニアとしても『パネルクイズアタック25』『カルトQ』などクイズ番組出演歴多数。最近刊に『NARUTOはなぜ中忍になれないのか』（朝日新聞出版）『戦略思考トレーニング２』『戦略思考トレーニング３　柔軟思考力』（いずれも日本経済新聞出版社）『10年後躍進する会社　潰れる会社』（KADOKAWA／角川書店）がある。

日経文庫1284
戦略思考トレーニング

2013年４月15日　1版１刷
2014年11月４日　　17刷

著　者　鈴 木 貴 博
発行者　斎 藤 修 一
発行所　日本経済新聞出版社

http://www.nikkeibook.com/
東京都千代田区大手町1-3-7　郵便番号100-8066
電話　(03) 3270-0251（代）

組版　タクトシステム
印刷　広研印刷・製本　星野製本

ISBN978-4-532-11284-4